Guide de BMX *FLAT*

KHEbikes

Guide de
BMX *FLAT*

Histoire | Matériel | Tricks

SHEK HON

MARABOUT

Le livre a été publié pour la première fois aux États-Unis
par les éditions Firefly Books en 2010 sous le titre
BMX Riding Skills, The guide to flatland tricks

Pour l'édition française
Traduction : Idriss Chaplain
Préparation de copie : Gilles Chauvin
Mise en pages : Mediamax
Relecture : La machine à mots

Pour le compte des éditions Hachette Livre (éditions Marabout)
58, rue Jean Bleuzen, 92170 Vanves
Dépôt légal : mai 2023

ISBN : 978-2-501-17452-7
3973503

Achevé d'imprimer en mars 2023 par l'Imprimerie
de Champagne Nouvelle en France.

PAPIER CERTIFIÉ

Le BMX est une activité risquée. Il comporte de nombreux dangers s'il est pratiqué sans l'équipement de protection adéquat. Les pratiquants et les pratiquantes doivent en avoir conscience, accepter ces risques et être pleinement responsables de leurs actes. Restez raisonnables. Il est important de connaître ses forces et ses faiblesses.

Sommaire

Présentation

Le BMX *Flat*, l'art de faire du BMX et des *tricks* en *flat* (sur un sol plat), est un phénomène mondial. On en voit dans la rue, sur Internet, en compétition, à l'échelle internationale.

Le BMX *Flat*, discipline à la fois exigeante et prenante, est addictif. Demande à un *rider* ce que le *flat* représente pour lui, il te parlera des défis, des possibilités infinies, de l'excitation, de l'opportunité de s'exprimer selon son style, ou encore de devenir ami avec des personnes avec la même passion.

Si tu atteins un niveau international, tu peux faire du *flat* ton mode de vie. Les meilleurs *riders* du monde disputent de nombreuses compétitions, repoussent les limites et partagent leurs idées avec d'autres.

Si tu débutes, ce guide te sera précieux. Il te montrera comment réaliser chaque *trick* et te fera découvrir les termes au fil de ta progression. Si tu fais déjà du *flat* et que tu veux apprendre de nouveaux *tricks*, tu y trouveras des idées. Cet ouvrage présente aussi certains des *tricks* les plus complexes accompagnés de conseils qui t'aideront à les découper en étapes pour les assimiler.

Ce livre, des explications concernant le vélo à l'histoire de la discipline en passant par les conseils pour réaliser des *tricks* compliqués, a pour seul but de t'aider à devenir un as du *flat*.

Chapitre 1

Histoire

De sa naissance, au début des années 1970, à aujourd'hui, le phénomène BMX a pris une ampleur mondiale. Entre les X Games et son arrivée aux Jeux olympiques, le BMX a mis en exergue l'une des formes de cyclisme les plus spectaculaires. Mais, avant d'évoquer le matériel ou les *tricks*, il faut passer par le développement de la discipline pour te donner envie d'aller plus loin. On va parler un peu de l'histoire du BMX avant d'en voir les différentes disciplines, comme la course, le *street*, le *vert* et, bien sûr, le *flat*.

Les débuts

Au début, les enfants faisaient du vélo sur des *dirt tracks* (pistes de terre), essayant d'imiter les stars de la moto. Cette folie, née en Californie, ne fut que le premier d'une série d'événements qui ont conduit à la création au BMX.

Le Schwinn Stingray sort en 1963. Il s'agit d'un vélo ultrapopulaire, produit en masse dont la particularité réside dans ses roues de taille réduite. Malgré leur cadre peu robuste, ces vélos n'empêchent pas de reproduire les cascades de leurs pilotes de moto préférés. Là naît le BMX moderne. Cette évolution est documentée dans le film *Joe Kid on a Stingray – The History of BMX*.

LES PREMIÈRES COURSES

Les premières courses de *dirt track*, mises en place par Ron Mackler, se tiennent en 1969 au Palms Park de Santa Monica (Californie). De son côté, Scot Breithaupt, un adolescent de Long Beach, organise des courses au « BUMS », une piste située près de chez lui. Il est l'un des pionniers du BMX et futur fondateur de SE Bikes, l'une des marques de BMX les plus réputées.

On Any Sunday, documentaire sur la moto, sort en 1971. La scène d'introduction montre un groupe d'enfants qui font une course sur *dirt track*.
La séquence ne dure que quelques minutes, mais l'influence est immense. Elles inspirent de nombreuses figures incontournables du BMX.

DÉVELOPPEMENT DU VÉLO

Les entreprises de moto comme Yamaha se lancent dans la fabrication de vélos inspirés de modèles de moto. Ils disposent de suspensions et de garde-boue. Dans le même temps, des modifications sont apportées sur le Schwinn Stingray. Des tubes droits remplacent les tubes incurvés, le pédalier est étendu pour améliorer le levier et l'axe de pédalier est surélevé pour une rotation plus fluide. Ces changements cruciaux marquent une étape importante dans l'amélioration des BMX et constituent la pierre angulaire du BMX tel qu'on le connaît.

RECONNAISSANCE DU BMX

Ernie Alexander, à l'origine de la National Bicycle Association (NBA), première instance gouvernante du BMX née en 1974, popularise les courses de BMX. *Bicycle Motocross News*, le premier journal national dédié au BMX aux États-Unis, est lancé la même année. En plus de ces deux grandes étapes, Linn Kastan conçoit le premier composant pour BMX en 1974, pour la société Redline. La fourche tubulaire *chromoly* de BMX Redline est plus solide et fait un carton. Redline se spécialise dans la conception de pièces pour BMX. Le principe de base reste le même pendant plusieurs années. Vient ensuite le tout premier cadre pour BMX. Celui-ci, fabriqué par l'entreprise Webco, se compose de tubes droits, d'une partie arrière renforcée, et se trouve dépourvu de suspensions.

En 1976, Bob Osborn, *rider* et photographe, lance *BMX Action*, le magazine le plus influent paru pour le BMX. Les photos ainsi que la passion et l'énergie inégalables qui transpirent de ces pages permettent au BMX de croître dans le monde. D'autres groupes influents grandissent et le BMX se développe à vitesse grand V. D'immenses courses de BMX, comme la Yamaha Gold Cup, attirent des milliers de spectateurs. Vient ensuite *E.T., l'extraterrestre*, blockbuster de Steven Spielberg sorti en 1982, dont la scène du BMX est devenue culte. La discipline se transforme alors en industrie pesant des millions de dollars.

FREESTYLE

À la fin des années 1970, les enfants quittent les pistes pour aller dans les piscines vides et les skateparks. Ces derniers organisent même des sessions nocturnes. Bob Haro, figure pionnière, présente son nouveau *trick*, le *rock wall*, dans le magazine *BMX Action*. La BMX Action Trick Team entame une tournée américaine. Les promoteurs des courses et les magasins spécialisés prennent conscience de la popularité des manifestations et en organisent davantage. Ce qui deviendra plus tard le « freestyle » se popularise.

En 1983, Bob Haro sort son premier cadre pensé pour le freestyle, baptisé le « Haro Freestyler ». La fabrication se développe et toutes les marques sortent leurs BMX et leurs composants pour le freestyle. Le BMX freestyle devient aussi populaire que les courses.

LES ANNÉES SOMBRES

Après le boom des années 1980, le BMX retourne dans l'ombre. Les VTT deviennent les vélos à la mode. Mais, si l'industrie du BMX ralentit, la discipline sportive continue de progresser. Les *riders* continuent de repousser les limites. Mat Hoffman slide des rails sur ses *pegs* et atteint les douze mètres de hauteur en sortie d'une rampe de six mètres conçue pour l'occasion ! Le *flat* atteint de nouveaux sommets avec des *tricks* comme le *hitchhiker*, inventé par Kevin Jones. Des courses, comme les Bicycle Stunts Series, sont organisées par Mat Hoffman. Des entreprises comme Hoffman, Standard ou encore S&M sont lancées par les *riders*, devenant très vite prisées. Le BMX est de retour dans les mains de ceux qui l'aiment le plus : les *riders*.

Les disciplines

Le *dirt*, le *street*, les skateparks, le *flat* : le BMX est certainement la forme de vélo la plus polyvalente jamais inventée.

FREESTYLE

À l'origine, le freestyle se pratiquait sur les rampes et en *flat*. Au fil du temps, il a aussi pris ses quartiers en *street* et dans les skateparks. Les rampes sont plus variées et le freestyle découvre les *quarter-pipes* et les *kickturn ramps*. Quant aux trails, ils font la passerelle entre les courses et le freestyle. Mais où se trouve donc la frontière ? Dans cette section, on vous présente les différentes catégories.

COURSES

Les courses furent la première forme de discipline du BMX. Leur popularité grandit d'autant plus avec leur arrivée aux Jeux olympiques de Pékin. En course, on retrouve souvent douze *riders*. Quant à la piste, elle est agrémentée de bermes, de *speed jumps*, de doubles et de quadruples. La course est considérée comme l'une des formes de BMX les plus compétitives. Les coureurs professionnels suivent des programmes d'entraînement extrêmes pour atteindre leur meilleure forme physique.

VERT

Le *vert* se fait sur des *half-pipes*, à savoir des rampes en U avec des bords montants qui atteignent la verticale. Ils sont apparus dans la deuxième moitié des années 1980. Avant cela, les *riders* traversaient les *quarter-pipes* en largeur avant la popularisation des *half-pipes*, avec Ron Wilkerson,

CI-DESSUS : Le BMX fait partie des Jeux olympiques.

CI-DESSUS : Au ridepark, des *quarter-pipes*.

À GAUCHE : Le *flat* se pratique sur des surfaces plates (*flat* en anglais). Les *tricks* ne sont que le fruit de la technique du *rider*.

CI-DESSOUS, À GAUCHE : Le *dirt jumping* se fait sur des obstacles spécialement faits à la main. Il s'agit de l'une des premières formes de BMX.

organisateurs des *contests* « 2-Hip ». L'avantage des *half-pipes* : les *riders* ne perdent plus d'énergie à pédaler sur le plat des *quarter-pipes*. Ils peuvent se servir de la pente.

STREET

Le *street* a toujours existé, les *riders* se servant de l'environnement qui les entoure, notamment des trottoirs. Basé sur une quête permanente de nouveaux *ledges* à *grinder*, de murs à *rider*, de *drops* desquels se lancer ou de *gaps* à sauter, le *street* a repoussé ses propres limites ces dernières années, au point d'aller parfois au-delà du possible.

SKATEPARKS

Les skateparks sont des environnements conçus pour accueillir divers obstacles, comme des *spine ramps*, des *mini ramps*, des *half-pipes*, des *hips*, des *grind boxes*, des *jump boxes* ou des *foam pits*. Ils peuvent être composés de béton, de métal ou de bois.

DIRT JUMPING

Une des premières formes de BMX, le *dirt jumping* a commencé comme show annexe. Il se pratique sur des *jumps*, sur des *table tops* ou sur des doubles. Les *jumps* se sont rapprochés, à tel point qu'il n'était plus nécessaire de pédaler entre chaque *jump*. Les *riders* passent du temps à constituer les obstacles. C'est tout un art de les mettre en place et de les entretenir.

Le *flat*

D'aucuns affirment qu'il s'agit de la forme la plus pure de BMX du fait qu'elle se pratique sans rampe, sans piste ou sans *jump*. Les *tricks* n'impliquent que ton BMX, le sol et toi. Les combinaisons les plus belles et les plus fluides sont un véritable concentré de difficulté, de style et de créativité.

C'EST QUOI, UN BON *RIDER* ?

Kevin Jones, né en 1967, est l'un des premiers *riders* de *flat* à avoir une réputation internationale. Figure novatrice, il s'est distingué par ses nouveaux *tricks* et placements. On le considère comme l'inventeur de nombreux *tricks* de *flat*. Il connectait ses *tricks* avec créativité, fluidité et style. Il avait le don d'apporter un bon rythme et un tempo soutenu à chacune de ses séquences. Certaines étaient simples, d'autres complexes, mais les liens et les séquences semblaient se suivre si naturellement qu'elles ont été reprises dans les « *Dorkin videos* » tournées par son ami Mark Eaton et diffusées à l'échelle planétaire.

Chase Gouin débarque ensuite sur la « *Dorkin Scene* ». Il contribue grandement à la croissance du *flat*, notamment grâce à ses incroyables enchaînements de *tricks*, dont certains étaient si difficiles qu'ils n'ont jamais été reproduits. Kevin et Chase restent très respectés par la communauté du *flat* qu'ils ont aidé à populariser.

SPONSORING

Pour tout *rider* de bon niveau, le sponsoring est l'objectif ultime. Qui ne rêverait pas de se faire offrir des accessoires, des vêtements, voire de voyager et d'être payé pour faire ce qu'il aime ? Mais en quoi cela consiste-t-il exactement ?

Le mode de sponsoring le plus courant se fait à l'échelle locale. Les marques indépendantes sont le début du sponsoring. Elles offrent du matériel,

mais ne rémunèrent pas. C'est ce que l'on appelle le sponsoring *flow*. Quand on passe pro, en plus du matériel gratuit, on bénéficie de voyages tous frais payés et on peut même gagner un salaire. Les meilleurs professionnels sont rémunérés pour porter les produits de leurs sponsors et se faire photographier avec. Mais le nombre de pros qui vivent bien du BMX est petit et cela demande un travail colossal.

COMMENT SE FAIRE SPONSORISER ?

Il est difficile de se faire sponsoriser. Seuls quelques *riders* y parviennent. Il faut travailler dur pour faire de bonnes performances lors des *contests* et des *jams*. Les sponsors recherchent des *riders* talentueux et photogéniques au look marquant et au style unique. Le charisme compte beaucoup, tout comme l'accessibilité, la sympathie et le sens de la communication. Avoir une mauvaise image peut être un vrai frein, car les sponsors attendent de leurs *riders* professionnels qu'ils donnent un bon exemple.

ÉVÉNEMENTS

C'est lors des événements que l'on a le plus de chances de rencontrer d'autres *riders*, de découvrir de nouvelles tendances et d'apprendre à réaliser d'autres *tricks*. Les *contests* de BMX permettent d'avoir un aperçu du niveau pro. Vois ces événements si tu veux progresser et trouver d'autres sources d'inspiration. Tu trouveras plus d'infos au skatepark, lors des courses ou dans le bike shop le plus proche de chez toi. Parmi les *contests* les plus connus, on retrouve le King of Ground (Japon), le Ninja Spin (France) ou encore le Level Vibes (Royaume-Uni). RedBull a même lancé le « Circle of Balance », un événement organisé dans un énorme cylindre à gaz désaffecté. Qui sait ce que l'avenir nous réserve.

Chapitre 2

Se préparer

Au cours des quarante dernières années, les avancées technologiques ont largement contribué au développement des matériaux et de la conception des BMX. Voici toutes les informations dont tu as besoin pour trouver le vélo qui te correspond et pour comprendre comment en tirer le maximum. On te présente les points à prendre en compte quand tu choisis ton cadre, tes roues et tes *pegs*. On parle également de vêtements et de protections, pour ensuite te présenter les points à travailler pour exploiter tout le potentiel de ton BMX.

Anatomie du BMX

Le BMX a pris différentes formes au fil de son évolution durant les cinquante dernières années, mais de nombreux éléments sont restés.

Les fourches des BMX ont souvent un tube de direction « en A » (voir glossaire) auquel se rattache une potence. Le pédalier comporte généralement trois éléments, même si des pédaliers sont conçus d'un bloc. Le *setup* d'un BMX dépend du style de pratique. Par exemple, certains BMX ne disposent que d'un frein avant pour permettre aux fourches de tourner librement sans ajout de rotor, une pièce qui empêche les câbles du frein arrière de s'enrouler autour du tube de direction. Certains *riders* de *flat* préfèrent ne pas avoir de frein impliquant une maîtrise totale ainsi qu'un équilibre parfait. Voici un exemple de BMX de *flat*.

CI-DESSOUS : Un BMX de *flat*, avec des pneus haute pression et des leviers de frein légers. Ici, la roue avant est en déport nul (*zero rake* en anglais).

À GAUCHE : La plupart des BMX disposent d'un cadre standard double en losange, c'est-à-dire un cadre composé de deux triangles en acier chromoly 4130.

COMPOSANTS

GUIDON ET POIGNÉES

Un BMX comporte généralement un tube de direction et un guidon, ce qui permet d'ajuster l'angle du guidon. Le BMX ci-contre est équipé d'un tube de direction fixé au guidon, ce qui allège son poids. Les poignées en gomme sont importantes car elles sont le point de contact entre le *rider* et son BMX.

LEVIER DE FREIN

Il faut un bon levier de frein léger, avec un ajusteur pour modifier la sensibilité des freins.

CÂBLE DE FREIN

Un câble linéaire et fin offre une meilleure flexibilité dans les virages et les bifurcations. Essaie de trouver la bonne longueur de câble pour obtenir un freinage optimal.

TUBE DE DIRECTION

Cet élément permet les rotations. On parle parfois de tube de direction interne car il dispose de roulements intégrés à l'intérieur du cadre.

FOURCHES

Ces fourches comportent des étriers type U-Brake pour freins AD. La roue avant se trouve parfaitement au centre de la fourche. C'est ce que l'on appelle le « déport nul » ou *no offset*. Le design offre une réactivité optimale pour les *flips*.

PÉDALIER

On a ici un pédalier à trois éléments, composé de deux manivelles et d'une broche centrale. Ce type de pédalier est généralement plus cher qu'un pédalier une-pièce. Les manivelles d'un BMX de *flat* sont souvent plus courtes (moins de 175 mm) afin d'offrir plus de liberté. Les manivelles du BMX illustré ci-contre sont faites d'un somptueux axe en titane qui réduit le poids, mais cette option est très onéreuse.

AXE DE PÉDALIER

Il s'agit du support qui maintient le pédalier sur le cadre.

PÉDALES

Il s'agit de pédales avec des plateformes en plastique qui sont moins solides que le métal mais qui conviennent au *flat* car elles sont généralement plus légères et moins pointues.

ROUES

La roue comporte 48 ou 36 rayons. Elle se compose de trois éléments principaux : la jante, les rayons et le moyeu. Le motif d'entrelacement des rayons prend différentes formes : les croisés quatre fois, les croisés trois fois ou encore l'entrelacement radial.

PIGNON

Aussi appelé plateau. Les *riders* de *flat* préfèrent les petits pignons, pour sélectionner des vitesses basses. Les coups de pédale sont plus efficaces pour sortir un *trick*.

Moyeux, *pegs* et rayons

Avec les charges extrêmes parfois appliquées, les moyeux, les *pegs* et les rayons sont en développement continu et en perpétuel renforcement. Le but est d'assurer une meilleure durabilité et fiabilité.

MOYEUX

Le moyeu d'un BMX *freecoaster* permet au vélo d'aller vers l'arrière sans pédaler en sens inverse, permettant de nombreux *tricks*. Quand un vélo classique roule vers l'arrière, le pédalier tourne, lui aussi, en sens inverse. Les pédales tournent, cela peut gêner le *rider*. La plupart des BMX de *flat* sont équipés d'un moyeu *freecoaster* intégré à la roue arrière. Un mécanisme placé à l'intérieur du moyeu sert d'embrayage et élimine la rotation au sein de la roue. Le pédalier garde ainsi sa position. La majorité des *flaters* préfèrent ce type de moyeu, même si la plupart des pros en *street*, en *vert*, en *park* et en *dirt* n'en ont pas.

Dans un hub cassette, on trouve un mécanisme interne avec un système de patte. Il s'appuie généralement sur un roulement scellé interne. C'est une pièce en aluminium, qui laisse la roue tourner librement et qui renforce l'ensemble du moyeu. Le moyeu cassette est souvent un peu plus cher, s'appuyant sur une technologie plus fluide et plus solide. Le pignon est, lui aussi, plus petit puisqu'il compte entre huit et treize dents pour une roue libre.

PEGS

Les *riders* se tiennent debout sur les *pegs* ou les saisissent lors des *tricks*. Les *pegs* en aluminium sont les préférés des *flaters*. Ils font généralement 10 cm de long pour 5 cm de large.

Des *pegs* en plastique ont parfois été utilisés au fil du développement du *flat*, mais ils sont moins résistants. Certains utilisent des *pegs* en acier pour le *flat*, mais ils sont plus lourds, légèrement plus fins et principalement conçus pour le *street*, puisque l'acier résiste mieux au *grind*.

RAYONS

Les rayons maintiennent la roue. Ils peuvent être composés de différents matériaux, mais le titane reste la solution la plus légère et la plus chère. Il existe des rayons dits « *double-butted* », plus fins au milieu qu'aux extrémités, ce qui permet de gagner quelques grammes précieux sur le poids de la roue.

À GAUCHE : Ce vélo dispose de *pegs* sur la roue avant. Les *pegs* en alu sont les préférés des *flaters*.

À DROITE : Un *rider* qui utilise ses *pegs* lors d'un *trick*. Ils doivent être assez robustes pour supporter tout ton poids.

KAZAKHSTAN

Vêtements et chaussures

Le bon choix de vêtements pour le *flat* dépend des préférences personnelles. Mieux ces vêtements te vont, moins ils sont susceptibles de s'accrocher aux éléments de ton BMX, ce qui te donnera plus d'aisance.

En *flat*, les *riders* portent généralement du Stereo Panda ou du Emer, deux marques qui ont été popularisées par les grandes figures du *flat*. Il est positif d'arborer des marques qui soutiennent le BMX. Orchid et Lotek sont les marques de chaussures les plus portées. Elles conçoivent des chaussures spécialement faites pour le BMX, robustes, renforcées et pourvues d'un bon grip.

Parmi les autres marques portées sur le BMX, on retrouve Etnies, DC ou encore Vans, qui sponsorisent de grosses équipes. Quand on choisit ses chaussures pour le *flat*, il faut trouver la forme la plus adaptée et la plus confortable. Il est aussi essentiel de cibler un grip qui tiendra dans le temps, ce qui est d'autant plus important pour les *tricks* où l'on fait frotter les chaussures.

ÉQUIPEMENT DE PROTECTION

Quand on apprend de nouveaux *tricks* pour la première fois, il convient de porter des équipements de protection. Les professionnels que tu vois dans les vidéos font du BMX depuis de nombreuses années. Ils ont donc assez d'expérience et de maîtrise pour réduire les risques de blessures. Mais quand on commence, il vaut mieux tenter des *tricks* correspondant à ses capacités, et même là, il est certain que tu tomberas de ton BMX. C'est pourquoi il est indispensable de porter des protections, comme un casque, des gants, des genouillères, des coudières ou même des protège-tibias.

GANTS
Voici une paire de gants avec doigts couverts. Mais pour avoir une meilleure prise au niveau des leviers de frein, tu peux aussi opter pour des mitaines.

CASQUE
Il existe de nombreuses marques de casque sur le marché. Elles offrent toutes des variantes différentes du design traditionnel. Il faut essentiellement un bon rembourrage intérieur, un système d'accroche qui offre une bonne tenue sans nuire à tes mouvements et des trous permettant l'évacuation de la chaleur et de la transpiration.

CHEVILLÈRE
Les chevillères sont particulièrement précieuses pour protéger des coups. Il est donc essentiel d'investir dans une bonne paire de chevillères.

PROTÈGE-TIBIAS
Tu prendras aussi beaucoup de coups de pédale, de guidon ou de cadre au niveau des tibias. Choisis une bonne paire de protège-tibias pour pouvoir tenir lors des longues sessions.

Les bases techniques

Avant de travailler les *tricks* détaillés dans ce livre, prends le temps de te familiariser avec ton BMX. Apprends à te tenir debout sur les *pegs* arrière et à rouler debout. Apprends aussi à te remettre sur les pédales.

En *flat*, il y a plusieurs points importants à garder en tête en permanence. Avant de tenter un *trick*, visualise-le du début à la fin. Pense au placement des bras et des jambes. Dans quel sens vas-tu te tourner ? Essaie d'avoir conscience de l'espace autour de toi et visualise l'emplacement de ton corps par rapport au sol. La plupart des *tricks* en *flat* impliquent d'avoir le corps droit, la tête légèrement inclinée vers le bas, légèrement en dessous de la parallèle au sol. Il y a des exceptions, mais c'est un bon point de départ.

LÂCHER ET TOMBER

Avant de tenter un *trick*, pense à la manière dont tu lâches le vélo. En sachant sauter au moment où le *trick* rate, tu réduiras l'ampleur de ta chute. Quand tu tentes un nouveau *trick*, essaie de garder un contact régulier avec le sol jusqu'à ce que tu sois plus à l'aise. On parle de *dabbing* pour parler du fait de lâcher le BMX. Une étape incontournable lors de ton apprentissage. Garde au moins un pied en contact régulier avec le sol pour trouver ton point d'équilibre.

***PEGS* ARRIÈRE**

Trouve l'allure fluide qui te convient sur les pédales en penchant ton poids vers l'avant.

Passe le pied droit sur le *peg* arrière sans à-coup et maintiens ta vitesse.

Passe maintenant le pied gauche sur le *peg* arrière sans à-coup, en gardant à la fois ta vitesse et ton équilibre.

DÉCOMPOSER UN *TRICK*

La plupart des *tricks* demandent de la pratique et de la patience. Les professionnels s'entraînent plusieurs heures par jour. Essaie différentes méthodes d'entraînement. Parfois, il faut répéter certains *tricks* encore et encore pour les perfectionner. En revanche, pour d'autres, il est important de les décomposer en plusieurs étapes afin d'y aller petit à petit. Si tu bloques sur un *trick*, travaille d'abord la deuxième partie plutôt que la première de cette figure. Tu prendras alors confiance et progresseras techniquement. Travaille autant la phase intermédiaire ou finale du *trick* que sa phase initiale.

LE SOL

Essaie de trouver une surface plate pour t'entraîner. Les irrégularités peuvent rebuter les plus expérimentés des *riders*. Les spots indoor sont idéaux car ils sont protégés des éléments météorologiques et disposent d'une surface plus lisse. Les pentes légèrement inclinées t'aideront peut-être sur les *tricks* roulés (*rolling tricks* en anglais).

PEGS AVANT ET ARRIÈRE

Repasse le pied droit sur la pédale, puis le pied gauche, en roulant à la même vitesse. Prépare-toi à lever le pied gauche.

Pied gauche sur le *peg* arrière droit, transfère ton poids sur le pied gauche en maintenant vitesse et équilibre.

Passe le pied droit sur le *peg* avant droit. Essaie de garder l'équilibre puis replace-toi sur les pédales.

Chapitre 3

Tricks – Niveau débutant

Tu as vu du *flat* et tu veux t'y mettre ? Ce chapitre te montre les *tricks* de base, étape par étape. Nous te présentons les *tricks* avec lesquels tout *rider* doit commencer, du *wheeling* au premier *rolling trick*. On te montrera ensuite de nouveaux points d'équilibre ainsi que différentes positions pour que tu puisses te familiariser avec ton BMX et te préparer à des *tricks* plus difficiles.

Ton BMX est prêt, tu as tout ce qu'il faut pour *rider*, alors bienvenue dans le monde du *flat*.

Endo

L'*endo* est un *trick* utile et incontournable. C'est le point de départ de tout *trick* plus avancé. Tu peux commencer par lever la roue arrière, même bas. Plus tu gagneras en confiance et en équilibre, plus tu pourras lever la roue arrière. Il s'agit d'un *trick* sur lequel tu reviendras. Il faut donc prendre le temps de bien le perfectionner.

Avance avec les pédales au même niveau. Garde une vitesse constante et essaie d'avancer de manière fluide, bien que lente au début.

Freine fort avec le frein avant tout en poussant le guidon vers l'avant et en te penchant au-dessus.

Serre les genoux et plie les jambes. Penche-toi autant que possible vers l'avant tout en gardant le poids du corps centré sur le BMX. Les bras doivent être droits et solides.

CONSEIL
Tu peux aussi utiliser un *curb* (un bord sur lequel t'appuyer) sur ce *trick* (et faire un *curb endo*). Cale la roue avant sur le *curb* puis lève la roue arrière. C'est un peu plus compliqué qu'un *endo* classique car rien ne verrouille la roue.

Tandis que tu tentes d'atteindre le point le plus élevé possible avant de sentir que tu vas passer par-dessus ton guidon, ramène le corps au-dessus de la roue arrière autant que possible pour garder l'équilibre du BMX.

Laisse la roue arrière revenir au sol, puis relâche le frein. Garde l'équilibre quand la roue retombe.

Commence à pédaler fort pour conserver l'élan et l'équilibre vers l'avant. Avance avec le poids équitablement réparti au-dessus du vélo.

Back hops

Les *back hops* (petits sauts sur la roue arrière) aident les débutants à contrôler à la fois le BMX et leur équilibre. C'est aussi la base de *tricks* tels que le *wheeling*, le *manual* ou le *tire tap on ramp*. Pour autant, ce n'est pas bien vu de sautiller lors d'un *trick*. Il s'agit simplement d'un bon mouvement à travailler en début de session, même quand on gagne en expérience.

Avance doucement avec les pédales au même niveau. Garde l'équilibre en centrant bien ton poids au-dessus du BMX. Veille à maintenir une allure lente mais régulière.

Fais un petit *endo* pour décoller la roue arrière. Garde le guidon droit et conserve l'équilibre.

Tire le frein arrière et penche-toi vers l'arrière. Quand la roue arrière touche le sol, tire le guidon et décolle la roue avant.

CONSEIL
Essaie de varier les sauts, tant leur sens que leur position. Les *back hops* fonctionnent comme les sauts à cloche-pied. Il suffit de bien centrer son poids.

Équilibre-toi sur la roue arrière, et prends le temps de voir si ton corps est bien centré au-dessus du BMX, de façon à être stable. Sautille en commençant par de petits sauts pour bien sentir le *trick*.

Saute sur place et cherche à augmenter la hauteur de ton saut. Si tu sens que l'équilibre doit être amélioré, saute dans le sens vers lequel tu te sens tomber. Par exemple, si tu sens que tu tombes sur la gauche, saute vers la gauche.

Quand tu as fini de sautiller, repose la roue avant et lâche le frein. Pédale pour enchaîner ton prochain *trick*.

Bunnyhops

Le *bunnyhop* constitue la base sur laquelle sont construits de nombreux *tricks*. C'est une bonne façon d'apprendre à contrôler le BMX dans ta position naturelle. Les *bunnyhops* sont utiles car ils t'apprennent aussi à sauter sur les obstacles, à descendre des marches et à lancer tes *grinds*.

Avance à une allure confortable et mets-toi debout avec les pédales au même niveau. Garde l'équilibre avec le poids centré au-dessus du BMX.

Accroupis-toi et penche le corps sur le vélo. Plie les bras et les jambes en gardant le dos droit. Pédale si besoin afin de garder une vitesse constante.

Saute en tendant les jambes et les bras. Dans le même temps, tire le guidon vers le haut et l'arrière pour décoller la roue avant et te mettre en position *wheeling*.

CONSEIL

Le mouvement du *bunnyhop* ressemble à celui du saut, si ce n'est que tu tiens un BMX. À l'entraînement, essaie de sauter sur quelque chose, comme un *curb*. Il te faudra du temps pour te perfectionner, mais plus tu progresseras, plus tu pourras sauter sur des obstacles élevés.

Quand la roue avant quitte le sol, plie les jambes et ramène le BMX le plus près possible de ton corps en décollant la roue arrière. Contracte bien les abdominaux. Tends les bras et consolide-les.

Quand tu atterris, plie les bras et les jambes comme pour absorber le choc de la retombée après un saut. Serre les abdominaux pour protéger le dos.

Essaie de ramener les deux roues simultanément au sol aussi doucement que possible. Assure-toi que les roues sont alignées avant de repartir.

Barspin (au sol)

Il s'agit ici du *360 degree barspin* classique, un *trick* qui est à la base du *bunnyhop bar spin.* Travaille d'abord ce *trick* au sol pour avoir une idée de sa dynamique.

Avance doucement, le poids centré sur le BMX. Prends une vitesse raisonnable et tiens bien le guidon.

Commence à tirer le vélo pour décoller la roue du sol. Serre la selle avec les genoux pour conserver la maîtrise de ton vélo. Les jambes et les bras doivent être tendus et le poids doit être ramené vers l'arrière.

Fais tourner le guidon dans le sens des aiguilles d'une montre. Va vite et lance le guidon pour qu'il pivote. Garde l'équilibre pour maintenir la roue avant en l'air assez longtemps pour que le guidon tourne complètement. Penche-toi assez vers l'arrière pour que la roue avant décolle du sol.

CONSEIL
Tu peux décomposer ce *trick* en commençant par un demi-*barspin*, qui consiste en un simple 180 degrés. Quand tu es à l'aise, tu peux tenter une rotation à 360 degrés.

Quand le guidon arrive à 270 degrés, mets la main avec laquelle tu vas le rattraper devant toi afin de saisir le guidon en mouvement. Consolide et tends bien les jambes tout en gardant le contrôle des pédales. Continue de tenir la selle avec les cuisses.

Replace ton poids vers l'avant et attrape une poignée, puis enchaîne en saisissant l'autre. Veille à bien tenir la selle avec les genoux.

Transpose ton poids vers le haut et relâche la prise sur la selle. Laisse la roue avant retomber doucement. Rééquilibre les pédales avec les pieds et continue d'avancer.

Front hops

Encore un classique du BMX. Le *front hop* prouve que tu as le contrôle de ton BMX, mais il n'est pas très apprécié à moins de servir de connexion entre les *tricks*, comme le *barspin*, le *crankflip* ou le *tailwhip*. Il sert aussi de base aux *nose wheelies* ou aux *mini ramp tricks* comme le *nosepick* (bloquer la roue avant sur une *mini ramp*).

Avance avec les pédales à l'équilibre. Ce *trick* débute en position *endo*. Tire donc le frein avant et mets-toi en position *endo*. Garde un équilibre solide et le poids centré sur le vélo.

Penche-toi vers l'avant et déporte le poids de ton corps sur les bras et les jambes. Veille à bien garder l'équilibre.

Décolle la roue arrière aussi haut que possible et commence à sautiller. Quand tu tentes ce *trick* pour la première fois, commence par de petits sauts pour bien le sentir. Plie les bras et les genoux pour réduire l'impact des sauts.

Sautille sur place et, comme pour un *back hop*, corrige ta position si ton équilibre doit être ajusté. Déplace-toi dans le sens vers lequel tu penches.

Tente diverses positions et saute dans différentes directions. Essaie de lever la roue arrière aussi haut que possible tout en gardant le contrôle du vélo. Reste solide au niveau du haut du corps.

Quand tu as fini de sautiller, laisse tomber la roue arrière, relâche le frein et veille à bien garder l'équilibre au centre. Continue d'avancer.

Wheeling

Le *wheeling* est l'un des *tricks* les plus connus du monde du BMX. On voit souvent des *riders* et *bikers* expérimentés faire des *wheelings*. Une fois ce *trick* maîtrisé, tu peux tenter des variantes, comme le fait de pédaler sur la roue arrière sur la distance de ton choix, ou alors de te laisser porter sans pédaler.

Avance à une vitesse confortable avec le poids centré au-dessus du vélo. Tiens-toi debout sur les pédales en gardant les bras solides et tendus.

Tire vers l'arrière tout en pédalant pour que ton poids se déporte sur l'arrière du vélo. Tu peux le faire soit debout, soit assis. Garde les bras tendus et continue de pédaler.

Quand la roue avant commence à quitter le sol, transfère ton poids vers l'arrière pour garder le contrôle. Garde une posture droite et ne te place pas au-dessus du guidon.

CONSEIL

C'est toujours une bonne idée de travailler ta retombée sur un *wheeling*. Essaie d'accentuer la traction durant le *wheeling* pour bien retomber sur les pieds derrière le vélo. Cela te fera gagner en confiance. Tu apprendras à jauger la bonne dose de freinage et à sentir le point culminant de ton *wheeling*. Le but est aussi de savoir si tu préfères retomber sur un ou deux pieds.

Contrôle la hauteur à laquelle monte la roue avant en ajustant la vitesse à laquelle tu pédales. Plus tu iras vite, plus la roue ira haut. Pour contrôler et abaisser la roue avant, ralentis ton pédalage.

Déplace les genoux de chaque côté pour contrôler et corriger ton équilibre. Trouve le juste milieu entre vitesse et freinage arrière.

Pour conclure le *trick*, penche-toi vers l'avant et tire doucement sur le frein arrière afin de laisser la roue avant retomber lentement au sol. Veille à garder les roues alignées au contact du sol pour bien maîtriser le vélo.

Rockwall

Le *rockwall* classique repose sur l'art de faire pivoter le vélo deux fois à 180 degrés en freinant. Il se fait en s'appuyant simultanément sur chaque roue. La roue avant est généralement la première à tourner pour finalement former un cercle à 360 degrés. Quand le *trick* est bien réalisé, le vélo donne l'impression de marcher.

Avance à vitesse modérée avec le poids bien réparti au centre du vélo. Avant de commencer, visualise ta rotation à 180 degrés sur la roue avant pour te mettre mentalement dedans.

Tire le frein avant et penche-toi vers l'avant. Fais pivoter le corps et lance un 180 degrés sur la roue avant. Ramène proprement la roue arrière à vitesse égale. Tourne la tête dans le sens de ta rotation pour voir où tu vas atterrir. Cela permettra au corps d'aller dans cette même direction.

Quand tu termines ton 180 degrés, fais pivoter la roue avant et tire le frein arrière. Ramène ton poids de façon fluide au centre du vélo.

CONSEIL
Tu peux répéter cette figure à plusieurs reprises pour donner l'impression que ton vélo marche. Il suffit de refaire une rotation arrière puis avant. Si tu veux enchaîner les rotations, il te faut davantage de vitesse.

Quand la roue arrière retombe et touche le sol, poursuis en lançant une deuxième rotation à 180 degrés, cette fois sur la roue arrière. Penche-toi vers l'arrière pour déporter le poids au-dessus de la roue arrière et lever la roue avant.

Au moment de terminer ton tour, ramène ton poids au centre du vélo. Gaine le buste et garde l'avant du vélo légèrement relevé jusqu'à ce que tu aies achevé ton tour complet.

Quand tu te retrouves de nouveau dans le sens de l'avancée, relâche les freins et laisse la roue avant toucher le sol. Remets-toi à pédaler ou relance un autre *rockwalk*.

Peg wheelie

Il s'agit d'un joli *trick* réalisé en mouvement. Il consiste en un *wheeling* réalisé tout en te tenant debout sur l'un des *pegs* arrière. Essaie de travailler ce *trick* des deux côtés du vélo. Pour garder l'équilibre, fais balancer la jambe libre d'avant en arrière pour contrebalancer ton mouvement.

Roule à une allure confortable sur un pied avec les deux mains sur le guidon. Ce *trick* fonctionne mieux si tu prends assez de vitesse, mais ne va pas plus vite que ce que tu es capable de faire.

Penche-toi vers l'arrière et balance la jambe gauche vers l'arrière pour te tenir debout sur le *peg* gauche. Les bras doivent rester fermes. Garde l'équilibre au centre du vélo.

Tire avec les bras pour lever la roue avant. Laisse décoller la jambe droite de la pédale et balance-la pour contrebalancer. Regarde devant toi et essaie de rester droit. Sers-toi de la jambe droite pour garder l'équilibre. Place les doigts au-dessus du frein par sécurité. Si tu te sens partir trop vers l'arrière, freine.

CONSEIL
Il te faudra certainement plusieurs tentatives avant de réussir ce *trick*. Ne crains pas d'aller trop en arrière et de retomber sur les pieds, ni de tomber trop vers l'avant et de retomber sur les pédales. C'est le meilleur moyen de trouver ton point d'équilibre sur ce *trick*.

Fais balancer la jambe d'arrière en avant pour garder l'équilibre. Tu peux essayer de te pencher de part et d'autre pour que le vélo suive une ligne droite. Les bras doivent rester droits et la jambe qui balance doit être détendue. Tente de lever le guidon quasiment à la verticale.

Penche-toi vers l'avant, ramène la roue avant au sol et remets le pied sur les pédales. Cherche à ramener doucement la roue au sol plutôt que de la faire claquer.

Recentre le poids du corps et veille à ce que les deux roues soient alignées avant de repartir.

Rollback

Aussi appelé *fakie*, le *rollback* n'est que le fait de rouler vers l'arrière. Tu peux l'attaquer en faisant un *bunnyhop* ou en roulant vers l'arrière à l'aide d'une rampe. Tu peux aussi commencer par un *endo*, comme illustré ci-dessous.

Pour travailler le *rollback*, tu peux commencer de la même manière que pour un *rockwalk*, c'est-à-dire par un *180 degree endo*. Trouve la bonne vitesse en équilibrant ton poids au-dessus du vélo.

Pivote sur la roue avant en te tenant debout. Ajuste la position du corps pour faire face à ton sens de rotation. Fais un 180 degrés. Tu peux t'aider en visualisant la rotation au préalable.

Tourne le regard dans le sens de ta rotation. Le *trick* est plus simple si tu engages les épaules et le corps. Fais tourner l'arrière du vélo pour terminer la rotation complète.

CONSEIL

Tu peux faire ton *rollback* assis ou debout, comme illustré ci-dessous. Aucune de ces deux positions n'est plus simple que l'autre.

La rotation finie, repose la roue arrière pour que toi et le vélo vous trouviez dans le sens contraire au point de départ. Reste droit avec le poids centré au-dessus du vélo. Pédale vers l'arrière pour empêcher la roue libre de tourner. Tu peux te servir du guidon pour l'orienter et faire de petits ajustements pour rester droit.

Essaie de rester en ligne droite en centrant le poids de ton corps. Tente deux ou trois coups de pédale.

Termine ce *trick* comme pour un *rockwalk*. Tire le frein arrière et fais une rotation pour revenir dans le sens de départ. Porte le regard dans le sens de ta rotation. Replaque doucement la roue avant et veille à bien aligner les roues avant de repartir.

Cyclone

C'est l'un des premiers *tricks* que les *flaters* apprennent. Tu dois rouler à l'envers, debout sur le *peg* avant, et contourner la roue avant pour revenir sur le vélo. C'est un *trick* utile car tu te retrouveras à l'envers sur de nombreuses figures et transitions. En travaillant le cyclone, tu apprendras à retourner sur les pédales tout en étant dans le bon sens.

Avance à une vitesse confortable avec les mains sur les poignées, le pied gauche sur le *peg* arrière et le pied droit sur le *peg* avant.

Donne une impulsion sur le *peg* arrière et pivote à 180 degrés en restant debout, le pied droit sur le *peg* avant. Tire sur les freins si cela t'aide.

Ton corps doit être à l'envers tandis que le vélo reste dans son sens de départ. Roule à l'envers avec un pied sur le *peg* avant et l'autre sur le *peg* arrière. Fais de petits ajustements au niveau du guidon pour garder l'équilibre.

Quand tu es prêt, fais pivoter le pied avant sur le *peg*, puis tourne la tête pour retrouver le sens de l'avancée et faire un 180 degrés.

Replace le pied avant sur la pédale et prépare-toi à repartir.

Si tu as du mal à faire cette rotation, tu peux aussi garder les bras croisés sur le guidon tant que tu n'es pas revenu dans le sens de l'avancée, ou pivoter en un seul mouvement.

Squeaker

Ce *trick* te prépare à des *tricks* de *flat* plus complexes. Il s'agit du premier *trick* impliquant un *scuff* dans ce livre. Le *scuff*, c'est le fait de taper du pied pour faire bouger la roue et c'est tout un art. Quand tu donneras un coup de pied sur la roue pour la faire tourner à l'envers tout en freinant légèrement, cela provoquera un couinement, le *squeak*. Le *squeaker* est une figure de base pour apprendre à contrôler le vélo avec le pied.

Avance doucement avec le pied droit sur la pédale et le pied gauche sur le *peg* avant. Ton corps doit être centré entre les deux pieds.

Tire le frein avant pour que la roue arrière décolle du sol. Quand la roue arrière décolle, place le pied droit sur le pneu avant.

Quand tu trouves l'équilibre et que tu te sens à l'aise, *scuffe* ton pneu avec le pied pour aller vers l'arrière. Garde les doigts au-dessus du frein par sécurité et tire-le si tu te sens partir trop en avant.

CONSEIL
Les conseils donnés ici impliquent de faire le *scuff* avec le pied droit, mais il est aussi possible de le faire avec l'autre pied. Tu dois pouvoir le faire avec les deux pieds.

Veille à ce que ton *scuff* ne soit pas trop fort et à ne pas passer au-dessus du guidon. Commence par de petits coups jusqu'à ce que tu trouves le bon rythme.

Tu dois pouvoir donner des coups réguliers sur le pneu pour reculer tout en restant en équilibre sur la roue avant.

Quand tu te trouves sur le point de rentrer ton *trick*, replaque doucement la roue arrière en tirant le frein. Reviens sur les pédales et prépare-toi à repartir une fois le *trick* rentré.

Switzerland squeaker

Le *Switzerland squeaker* est une variante du *squeaker*. Cette fois, tu dois te servir des deux pieds pour faire tourner la roue avant. Il a été nommé ainsi par R. L. Osborn quand il se trouvait en Suisse (*Switzerland* en anglais). La roue est petite, fais donc attention quand tu te mets dessus.

Le départ se fait comme sur un *squeaker*. Avance avec un pied sur la pédale et l'autre sur le *peg* avant. Équilibre ton poids au-dessus du cadre.

Quand la roue arrière décolle du sol, ajuste ton équilibre en déportant le poids vers l'avant. Tiens fermement les poignées. Déplace-toi pour placer le pied gauche sur le pneu avant.

Quand tu te sens à l'aise, *scuffe* le pneu avec le pied pour que le vélo aille vers l'arrière, puis change directement de pied pour continuer le mouvement. Laisse les doigts au-dessus du frein par précaution et freine si tu sens que tu vas trop vers l'avant.

CONSEIL
En gagnant en confiance sur ce *trick*, tu pourras tenter de sauter directement sur le pneu sans toucher les *pegs*.

Passe d'un pied à l'autre lors du *scuff*. Veille à ne pas donner de coups trop forts et à ne pas passer au-dessus du guidon. Commence par de petits coups pour trouver le bon rythme.

Donne de petits coups réguliers avec les pieds sur le pneu avant pour reculer sans à-coups tout en restant à l'équilibre sur la roue avant.

Une fois le *trick* rentré, replaque la roue arrière en tirant le frein et reviens sur les pédales avant de reprendre ton avancée.

Tailwhip

Cette version du *tailwhip* (aussi connue sous le nom de *footjam tailwhip*) est un beau *trick* équilibré pour lequel il faut faire pivoter le cadre à 360 degrés avec un *kick* (coup de pied) tout en maintenant le guidon fixe. La partie arrière (le *tail*) du vélo doit pivoter à toute vitesse pour que le *trick* soit propre. Il existe de nombreuses variantes de ce *trick*. Une fois que tu maîtrises celui-ci, tu peux donc en tenter de nouvelles versions. Tu peux essayer de faire ton *kick* avec le pied arrière pour donner plus d'élan au vélo. Il est difficile de trouver le timing parfait sur ce mouvement mais, avec de l'entraînement, tu finiras par le trouver naturellement.

Avance debout sur les pédales, plutôt lentement, à une allure confortable pour commencer.

Amène la jambe droite au-dessus du tube supérieur du cadre en la laissant d'un côté du vélo. Pose le pied juste en dessous du tube et trouve ton équilibre.

Pose ensuite le pied droit sur le pneu avant et tiens-toi fermement debout sur la roue. Tire le frein avant et, simultanément, donne un *kick* au niveau du *tail* avec le pied gauche pour que le vélo pivote.

Tandis que l'arrière du vélo fait sa rotation, fais pivoter le guidon et essaie de garder la tête droite. Tu dois contrôler le guidon pour que la roue arrière reste en l'air, à mi-hauteur. Sers-toi du pied libre pour garder l'équilibre. Bouge-le pour contrebalancer le mouvement du cadre.

Quand le cadre termine sa rotation, attrape-le au niveau de la partie supérieure avec le pied libre. Redresse le guidon pour qu'il soit aligné avec le cadre.

Replace le pied libre sur sa pédale, puis fais pareil avec le pied placé sur la roue. Stabilise le vélo et remets-toi en position de repartir en fin de *trick*.

Boomerang

Sur ce *trick*, tu dois mettre ton poids sur le guidon pour sauter et pivoter toi-même à 360 degrés par-dessus l'avant du vélo, avant de replaquer ton BMX. Tu peux lancer ce *trick* depuis les *pegs* arrière, depuis le cadre ou depuis les pédales. Dans cet exemple, le boomerang part des *pegs* arrière.

Avance doucement avec un pied sur le *peg* arrière et les deux mains sur le guidon.

Saute des *pegs* arrière, déporte ton poids sur le guidon puis fais une rotation à 360 degrés. Bloque le frein avant par précaution.

Ramène les jambes près du corps et vrille en même temps que ton guidon à 360 degrés. Garde les jambes en l'air et penche-toi vers l'avant. Veille à ne pas trop te pencher au risque de passer par-dessus le guidon. Si tu sens ton poids partir vers l'avant, donne un coup arrière avec les jambes pour déporter ton poids vers l'arrière.

CONSEIL
Pour débuter, tu peux faire un 180 degrés et retomber avec les pieds au sol pour plus de sécurité. Quand tu auras pris en confiance, tu pourras tenter de faire un 360 degrés complet.

Tandis que ton guidon passe la moitié de sa rotation, commence à déplier les jambes pour te préparer à revenir sur les pédales ou les *pegs*.

Ramène le pied le plus proche sur le cadre. Quand tu auras progressé, tu pourras tenter de ramener le premier pied sur le *peg* arrière.

Retombe à l'endroit et repose l'autre pied sur la pédale ou le *peg* dès que possible. Une fois que tu as repris une position confortable, veille à aligner les roues, puis avance.

Chapitre 4

Tricks – Niveau intermédiaire

Maintenant que tu maîtrises certaines des manœuvres de base, tu peux tenter de passer au niveau supérieur. Les *tricks* présentés dans ce chapitre blufferont les plus sévères des critiques.

On passe sur des *tricks* impressionnants à base de *scuff* et de roues avant, comme le *front yard* ou le *side squeaks*. Tu vas aussi apprendre des *tricks* vrillés comme le *megaspin*. On te présente aussi des *tricks* roulés aussi populaires que polyvalents, comme le *steamroller*.

Spinning peg wheelie

C'est une variante du *peg wheelie*. Le but est de t'apprendre à te déplacer en faisant des cercles. Tu peux te servir de la roue arrière pour faire pivot. Il s'agit d'un super *trick* pour faire la transition d'un *trick* à l'autre. C'est aussi drôle d'enchaîner les rotations serrées à toute vitesse. Quand tu auras progressé, tu pourras former des 8 avec ton vélo.

Avance à vitesse constante, l'équilibre bien réparti au-dessus du vélo. Tiens-toi debout sur les *pegs* arrière, les jambes tendues.

Forme un arc et commence ton *peg wheelie* en te penchant vers l'arrière. Dans le même temps, tire avec les bras pour lever la roue avant. Fais balancer une jambe vers l'arrière, prêt à t'équilibrer.

Sers-toi de ta jambe libre pour garder l'équilibre, fais pivoter le vélo dans le sens inverse au *peg* sur lequel tu te tiens. Ton pied libre est dans une position légèrement différente dans un *spinning peg wheelie*. Il est un peu plus tourné vers l'extérieur que sur un *peg wheelie* classique.

Pour une rotation serrée, tiens-toi bien sur le vélo. Si tu veux réduire l'ampleur de tes cercles, lève davantage la roue avant, tout en rapprochant le vélo de ton corps et en resserrant la jambe libre.

Si tu veux ralentir tes rotations, place la jambe plus loin derrière et abaisse la roue avant.

Pour rentrer ce *trick*, penche-toi vers l'avant et replaque la roue avant. Dans le même temps, ramène d'abord le pied libre puis le pied placé sur le *peg* arrière sur les pédales.

Infinity roll

Voici un *trick* qui va à l'envers et demande de l'équilibre. Tu dois laisser les deux roues au sol et te déplacer vers l'arrière à vitesse stable. Ce *trick* est assez simple à aborder. Une fois que tu le maîtrises, entraîne-toi à le tenir le plus longtemps possible.

Avance vers l'avant à une vitesse stable et confortable. Tandis que tu avances, mets les pieds sur les *pegs* arrière. Tiens fermement le guidon. Prépare-toi à poser un pied sur le pneu arrière.

Tire le frein avant pour faire un petit *endo* afin de faire reculer le vélo. Tandis que tu recules, décolle le pied intérieur du *peg* et utilise-le pour t'équilibrer. Ne crains pas de poser ce pied au sol si tu perds l'équilibre. Commence à tourner le guidon dans le sens opposé si tu veux pivoter.

Continue d'orienter le guidon et, quand tu tiens ton équilibre, *scuffe* le pneu arrière pour reculer. Fais de petits ajustements au niveau de ton guidon pour garder l'équilibre.

Surveille la position de ton corps. Ton équilibre doit être bien centré. De fait, si tu *scuffes* la roue arrière, prépare-toi à déporter ton poids vers l'avant mais pas trop, sans quoi tu ne pourras pas faire tourner le guidon.

Scuffe la roue arrière tant que tu parviens à tenir le *trick*. Les *riders* expérimentés sont capables de tracer une ligne précise avec leur vélo. Toi aussi, cherche à suivre une trajectoire ou à former un 8.

Quand tu es prêt à sortir de ton *trick*, tire le frein arrière, reviens sur les pédales et repars.

Backward steamroller

Tu es maintenant prêt à attaquer les choses sérieuses. Le *steamroller* est un incontournable du *flat*, un *trick* supercool et essentiel pour les transitions. Ce *trick* polyvalent peut se faire en avançant, en reculant ou en cercle.

Avance à vitesse confortable avec les mains sur les poignées. Mets un pied sur le *peg* arrière et l'autre sur le *peg* avant.

Pousse sur le *peg* arrière pour faire pivoter ton corps à 180 degrés et arriver à l'avant du vélo. Le guidon doit tourner avec toi. Fais balancer la jambe libre sur le côté pour garder l'équilibre. Ton corps doit être à l'envers tandis que le vélo doit rester tourné dans son sens d'origine.

Saisis la selle avec la main du côté sur lequel tu te tiens debout. Quand tu te sens à l'aise, penche-toi vers l'arrière et tire la selle. Lève la roue arrière et mets-toi en position *backward steamroller*. Équilibre-toi avec la jambe libre en la faisant balancer comme une pendule.

Roule vers l'arrière avec un pied sur le *peg* et l'autre en l'air. Le mouvement avant du vélo doit te faire avancer à l'envers.

Quand tu as fini, pivote en t'accompagnant du guidon à 180 degrés. Tiens la selle et balance la jambe pour lancer la rotation qui suit.

Ramène un pied sur le cadre puis l'autre sur la pédale. Tu peux aussi sauter pour reprendre cette position.

180 bunnyhop

Pour faire un *bunnyhop*, il faut décoller les deux roues en même temps. Le *trick* ci-dessous consiste en un *bunnyhop* sur une rotation à 180 degrés. Certains *riders* trouvent qu'il est plus facile de sauter par-dessus des obstacles, comme des cartons, que de sauter sur un sol plat. Comme pour un *bunnyhop* classique, tu peux le faire dans la rue, sur des *curbs* ou par-dessus des obstacles.

Avance à une vitesse confortable. Essaie de visualiser ta rotation avant de commencer. Ton but sera de te retrouver à l'envers en fin de *trick*.

Quand tu commences, rapproche tout le corps du vélo en pliant les genoux et les bras, puis jaillis et pivote simultanément en tirant le guidon vers le haut. Ici, le vélo tourne vers la gauche.

Lève la roue arrière pendant que tu poursuis ta rotation sur la gauche (travaille la rotation vers la droite la prochaine fois). Les jambes doivent être fermes et tendues. Contracte les abdominaux pour maintenir ta force partout dans le corps.

CONSEIL

Il est utile de maîtriser le *rollback* avant de tenter ce *bunnyhop*. Commence donc par travailler ce *trick* en le décomposant. Quand tu réussis à rouler à l'envers, passe à la première partie du *trick* puis enchaîne les deux phases.

Oriente le regard dans le sens de ta rotation. Si tu tournes à gauche, porte le regard au-dessus de l'épaule gauche.

Quand tu te prépares à retomber, sache que tu vas rouler à l'envers. Replaque d'abord la roue arrière puis plie les jambes pour absorber le choc.

Replaque la roue avant aussi délicatement que possible. Veille à aligner les roues avant de repartir.

Fire hydrant

Le *fire hydrant* est une variante du *tailwhip* qui consiste à faire tourner le vélo autour de toi. C'est un *trick* pratique pour les transitions, même s'il peut se faire de façon isolée. Tu peux le rentrer sur le cadre, sur les *pegs* ou bien t'en servir pour passer sur un autre *trick*, comme le *decade* (voir page 74).

Commence par rouler doucement. Pose le pied intérieur sur le *peg* arrière et le pied extérieur sur le *peg* avant. Cherche à maintenir une allure constante et les roues alignées à ce stade.

Pousse avec le pied sur le *peg* avant et fais pivoter le guidon à 180 degrés. Tiens-toi fermement au guidon et reste ferme sur le *peg* avant.

Quand la roue avant est à l'envers, fais balancer la jambe arrière pour la ramener sur l'autre *peg* avant. Tu seras ainsi face à l'arrière du vélo. Dès que tu le sens, tu peux faire pivoter ce dernier.

Tire sur le guidon pour décoller la roue arrière. Quand elle décolle, tire le frein avant et incline complètement le guidon sur le côté pour que le vélo pivote. Reste debout sur un *peg* avant en t'équilibrant avec la jambe libre.

Tandis que le vélo tourne, attrape le cadre avec le pied libre. Aligne les roues.

Ramène le pied avant sur la pédale et veille à aligner le guidon, prêt à repartir.

Half cab

Ce *trick* consiste en un *bunnyhop* à l'envers avec une rotation à 180 degrés D'une certaine façon, le *half cab* est devenu le nouveau *180 bunnyhop*. Les *riders* s'en servent pour monter sur des obstacles ou en descendre. C'est un joli *trick* pour repasser à l'endroit après un *fakie* et passer un cap en tant que *rider*.

Pour lancer ce *trick*, commence par un *180 degree endo*. Tu dois être accroupi sur la selle, les jambes pliées, puis décoller la roue arrière afin de prendre de l'élan.

Recule et pédale en arrière pour mettre les pédales au même niveau. Verrouille-les avec le pied pour décoller la roue avant.

Quand celle-ci quitte le sol, tourne la tête et le guidon pour te mettre dans le sens de ta rotation (ici, à gauche). Lors de tes premières tentatives, tu peux faire la première partie de la rotation sur la roue arrière avant que le vélo ne décolle du sol.

Tandis que ton vélo pivote, reprends une position accroupie sur la selle, les genoux et les bras fléchis. Ton guidon doit être aligné au cadre. Tu dois te trouver dans le sens contraire à ta position de départ.

Quand la roue avant se lève, saute comme sur un *bunnyhop* et tourne le corps dans le sens de ta rotation. Fais pivoter le vélo en te servant du guidon et de la force du haut du corps pour tourner.

Termine ta rotation et retombe dans le sens de l'avancée. Essaie de replaquer les roues doucement. Plie les genoux quand tu atterris pour absorber le choc. Aligne le cadre et les roues, puis repars.

Slider

Le *slider* est une façon stylée de sortir d'un *fakie* (*rollback*). Il faut faire pivoter le guidon à 180 degrés, ce qui fait tourner le vélo en gardant les deux pneus au sol durant le *trick*. Les roues font donc un « *slide* » (glissade). Le but est de faire le mouvement le plus fluide possible.

Mets-toi en *fakie rollback*. Tu peux aussi commencer par un *180 degree endo*, ou un *180 degree bunnyhop*.

Quand tu te sens à l'aise, fais tourner le guidon à 180 degrés en tenant bien les poignées avec les bras croisés (cette position s'appelle le « *x-up* »). Commence à faire tourner le guidon dans le sens de ta rotation, à savoir dans le sens des aiguilles d'une montre si tu veux te remettre à l'endroit par la droite.

Garde le guidon tourné et pivote la tête dans le sens de ta rotation.

Tire la poignée intérieure et fais tourner le vélo de façon à maintenir une trajectoire droite. Donne un mouvement naturel au guidon en le tirant vers l'avant devant toi. Veille à ce que le guidon ait assez d'espace pour tourner (recule les genoux).

Pour que le *slider* soit fluide, il faut mettre le poids de ton corps dans la bonne position. Au début, penche-toi vers l'arrière. Plus tu progresseras, plus tu pourras ramener le poids vers l'avant. Fais attention, car si tu vas trop vite vers l'avant, tu risques de passer par-dessus le guidon.

La partie arrière du vélo doit être dirigée sur le côté et aller d'arrière en avant.

Steamroller

On t'a montré comment faire un *backward steamroller* à la page 62. Ce *steamroller* classique se fait à l'endroit et s'avère être un peu plus dur. Le *steamroller* est l'un des *tricks* les plus naturels et appréciables, car la position est confortable et laisse assez d'espace pour manœuvrer.

Avance à une vitesse confortable avec les mains sur les poignées. Mets le pied intérieur sur le *peg* arrière et le pied extérieur sur le *peg* avant. Maintiens une allure stable.

Tourne le guidon et la roue avant pour que cette dernière se trouve face à l'arrière du vélo. Sers-toi de la jambe placée sur le *peg* arrière pour aider le cadre à tourner. Tourne la tête pour faire face à l'arrière du vélo.

Tandis que le guidon tourne, équilibre-toi avec la jambe libre. Tu pourrais avoir besoin de la tendre loin derrière toi pour éviter de passer par-dessus le guidon. Tiens-toi debout sur les *pegs* avant si tu préfères. Tandis que le cadre arrive à 180 degrés, saisis la selle avec la main.

CONSEIL

Il s'agit d'un *trick* difficile à aborder et rentrer, mais tu peux commencer par apprendre la partie roulée. Tiens-toi debout sur le sol et mets le vélo en position *steamroller*. Place le pied sur le *peg* et pousse avec l'autre pied en t'appuyant régulièrement sur le sol pour bien trouver ton équilibre.

Avec la jambe libre, équilibre-toi en la faisant balancer d'arrière en avant comme une pendule. Essaie de rouler avec fluidité le plus longtemps possible.

Quand tu veux remonter sur le vélo, ramène le cadre à 90 degrés et la roue arrière au sol. Laisse retomber la selle et essaie de ramener le pied libre sur le cadre.

Ramène l'autre pied sur la pédale et avance.

Decade

Comme beaucoup de *tricks* en *flat*, le *decade* peut se faire de différentes façons. Tu peux sauter du cadre, d'un *peg* ou même commencer par un autre *trick*. Il peut faire peur au début, il vaut donc peut-être mieux commencer par le décomposer en plusieurs étapes (voir encadré ci-contre).

Avance avec le pied intérieur sur le *peg* arrière et l'autre pied sur le *peg* avant.

Garde le pied sur le *peg* arrière (ou sur la pédale si tu préfères) et ramène l'autre pied sur le tube supérieur du cadre. Garde les pédales au même niveau avec la pédale avant à l'opposé du côté de départ de ton corps. Il te sera ainsi plus simple de sortir du *trick*.

Tire les deux freins pour faire un petit *endo*. Il te faut juste assez d'élan pour décoller la roue arrière du sol. La roue arrière doit être légèrement au-dessus du sol (pas plus de 8 cm).

CONSEIL
Commence par découper ce *trick* en plusieurs étapes quand tu débutes. Tente de sauter par-dessus le vélo pour retomber au sol, de l'autre côté, en toute sécurité. Cela t'aidera à maîtriser la première étape de ce *trick*.

Tire le frein arrière. Quand la roue arrière retombe, tu dois avoir assez d'élan pour que la roue avant se lève afin de permettre au vélo de passer à la verticale. Si tu débutes sur ce *trick*, il peut être préférable de lever la roue progressivement avant d'atteindre la verticale.

Quand le vélo atteint sa position verticale, saute par-dessus pour passer de l'autre côté. Tiens fermement le guidon et ramène les genoux contre le corps.

Tandis que tu passes de l'autre côté, pose un pied sur le haut du cadre. Veille à reposer doucement le vélo en pliant les genoux pour absorber le choc. Pose l'autre pied sur la pédale et repars.

Front yard

De tous les *scuffing tricks*, le *front yard* est le plus simple à démarrer et à conclure. Tout se fait en avançant et il est facile de tenir une allure fluide. Pour progresser, tente ce *trick* à une main, sans les mains, en cercle ou encore selon l'enchaînement de ton choix.

Avance à une vitesse confortable. Quand tu es stable, passe ta jambe par-dessus le guidon.

Saute des pédales jusqu'au *peg* avec l'autre pied.

Tandis que tu sautes vers l'avant et que tu commences à donner de petits coups sur le pneu avant avec le pied, la roue arrière doit décoller du sol.

CONSEIL
Il est important de savoir lâcher ce *trick* et retomber en toute sécurité sur les pieds si besoin. Assure-toi de savoir sauter des *pegs* pour atterrir avec les pieds au sol.

Afin de contrôler ton équilibre, utilise ta main libre comme un contrepoids pour constamment ajuster la position de ton corps.

Tu peux aussi adapter la direction de ton *scuff* pour faire aller la roue dans le sens de ton choix. Sers-toi de ton corps sur le guidon pour orienter ton *trick*.

Quand tu replaques ce *trick*, ramène la roue arrière au sol. Ramène le pied du *peg* à la pédale et repasse la jambe par-dessus le guidon pour ramener ton pied sur l'autre pédale.

Side squeaks

Voici un *scuffing trick* sympa, assez lent et qui se fait à l'envers. Il s'agit de l'un des *tricks* les plus sûrs à apprendre. Il est pratique pour enchaîner deux *tricks* sur la roue avant. Ce *trick* est assez difficile à apprendre car il implique une position asymétrique.

Avance doucement avec les deux mains sur le guidon. Pose un pied sur le *peg* avant et un pied sur le *peg* arrière pour te placer d'un côté du vélo.

Tire le frein avant pour faire un *endo* et décoller la roue arrière. Saisis la selle avec la main intérieure (la plus proche de la selle).

Pose le pied arrière sur le pneu en tenant la selle sur le côté. Garde la main sur le frein par précaution.

Scuffe doucement la roue avant pour aller vers l'arrière tout en freinant légèrement afin de contrôler ton *trick*. Oriente ton *scuff* pour aller dans le sens de ton choix. Ce *trick* formera naturellement un cercle.

La partie supérieure du corps doit être verrouillée sur le guidon. Tu peux bouger la selle et le vélo pour ajuster la répartition de ton poids et ton équilibre.

Quand tu es prêt à rentrer le *trick*, tu as plusieurs options. Tu peux lâcher le cadre et le placer devant toi pour faire un *backward steamroller*, ou lâcher la selle et ramener le pied avec lequel tu *scuffes* sur le *peg* arrière avant de ramener le pied avant sur les pédales.

Funky chicken

Ce *trick* ressemble au *front yard*, à la seule différence que le vélo se trouve devant toi et non derrière. Le pied vient par-dessus le guidon et tu *scuffes* la roue pour avancer, tout en maintenant l'équilibre sur la roue avant.

Démarre en position *backward steamroller*. Avance à une vitesse confortable avec les mains sur les poignées, un pied sur le *peg* arrière et l'autre sur le *peg* avant.

Propulse-toi du *peg* arrière et fais une rotation à 180 degrés avec le corps pour te retrouver face à l'arrière du vélo. Passe la jambe par-dessus le guidon. Saisis la selle avec la main. Les jambes doivent être tendues et solides.

Avec le pied, contrôle la vitesse en *scuffant* la roue. Si tu vas trop vite, sers-toi du pied pour freiner. Si tu sens que la roue arrière va retomber, accélère ton *scuff*.

Lève la selle pour ajouter de la difficulté. Fais tourner le vélo en te penchant dans le sens vers lequel tu veux aller. Quand tu débutes, fais de petits *scuffs* pour être en contact quasi permanent avec la roue. En prenant confiance, tu pourras en réduire la fréquence. Regarde dans le sens du mouvement.

Pour rentrer ce *trick*, fais balancer la jambe par-dessus le cadre afin de revenir sur la pédale.

Ramène la roue arrière au sol, lâche la selle et repasse la jambe par-dessus le guidon. Pose le pied sur le cadre et repars.

McCircle

Il s'agit d'un *backward steamroller* sur lequel tu *scuffes*. Le but est de le réaliser en formant un mouvement circulaire parfait. Ce *trick* ressemble fortement au *steamroller*, avec des points d'équilibre semblables, mais l'exécution et le ressenti sont totalement différents.

Avance à une vitesse confortable avec les mains sur les poignées. Pose le pied intérieur sur le *peg* arrière et le pied extérieur sur le *peg* avant.

Propulse-toi du *peg* arrière et fais une rotation à 180 degrés. Le corps doit être à l'envers tandis que le vélo reste dans sa direction de départ.

Roule à l'envers avec un pied sur le *peg* et l'autre sur la roue pour faire un *scuff* vers l'arrière. Penche-toi pour former un cercle.

Sers-toi du pied pour freiner, ralentir ou accélérer en variant la fréquence de ton *scuff*. Tu peux ajuster ton équilibre en tournant le guidon et altérer la position de la selle ou du vélo avec l'autre main.

Quand tu as fini, reviens dans ta position de départ en faisant un 180 degrés.

Pose le pied sur le cadre, laisse retomber la roue arrière au sol et remets l'autre pied sur la pédale.

Half lash (smoothie out)

On l'appelle aussi *half whiplash*. Ce *trick* démarre comme un *steamroller*. Dans cet exemple, il y a aussi un *switch-foot* et le *trick* se termine sur une sortie dite *smooth* (fluide), également appelée *smoothie*.

Avance à une vitesse confortable, avec les mains sur les poignées. Pose le pied intérieur sur le *peg* avant cette fois-ci, et la jambe extérieure sur le *peg* arrière. Le départ se fait comme pour un *steamroller*, mais avec les pieds à l'envers (le *switch-foot*).

Avec un kick, fais tourner le cadre et fais pivoter le guidon dans le sens inverse des aiguilles d'une montre. Sers-toi de ta jambe libre pour t'équilibrer.

Laisse la roue arrière retomber au sol et repose l'autre pied sur le *peg* arrière ou sur le cadre du vélo. Tu dois t'étirer vers l'arrière pour ne pas tomber.

CONSEIL

Il est facile de rester bloqué sur le vélo dans cette position. Veille donc à apprendre à le lâcher en sautant vers l'arrière ou, si besoin, vers l'avant, par-dessus le vélo.

Forme un cercle en faisant tourner le guidon. Les jambes doivent être souples et pliées pour que tu puisses ajuster la distance entre le vélo et toi. À ce stade, tu peux travailler le fait de lâcher le *trick* autant que nécessaire, afin de trouver ton point d'équilibre.

Scuffe la roue arrière pour que le vélo reste en mouvement. Sers-toi de ton corps et garde-le droit pour contrebalancer. Quand tu es prêt, laisse la roue avant passer le cadre pour que la partie arrière du vélo pivote d'arrière en avant. Cette partie du *trick* s'appelle le *smoothie*.

Garde le corps suffisamment en arrière pour ne pas passer par-dessus le guidon, mais assez en avant pour rester sur le vélo. Reviens sur les pédales et reprends ta position de départ.

Megaspin

Il s'agit d'un *wheeling* à l'envers accompagné d'une rotation. Le but est de faire le mouvement le plus fluide et continu possible. C'est l'un des premiers *tricks* à apprendre sur la roue arrière. Tu peux le travailler en le décomposant quand tu débutes.

Démarre comme si tu voulais faire un *spinning peg wheelie*. Fais d'abord une rotation pour que la roue arrière pivote. Sers-toi de la jambe libre pour faire tourner le cadre.

Au point de pivot, la roue commence à tourner vers l'arrière. Pose un pied sur le *peg* arrière et l'autre sur la pédale.

Avec le pied extérieur, *scuffe* la roue vers l'arrière. Lève la roue avant et trouve ton point d'équilibre.

Fais comme si tu appuyais constamment sur une pompe à vélo. Continue ton *scuff* pour imprimer au vélo un mouvement circulaire. Tu auras d'abord l'impression qu'il y a une résistance, que le vélo va s'arrêter de tourner ou qu'il va aller vers l'avant.

Incline ton corps et le vélo vers l'intérieur (le centre) et l'arrière. Tourne le guidon tandis que tu *scuffes*.

Pour sortir du *trick*, fais balancer la jambe par-dessus le vélo pour la ramener sur la pédale. Garde le guidon droit et regarde devant toi. Ramène la roue avant au sol et repars. Tu dois continuer ton *scuff* pour garder ce mouvement circulaire.

Chapitre 5

Tricks – Niveau avancé

Ce chapitre te présente le top des *tricks* en *flat*. Tu veux repousser tes limites ? Tu veux faire partie des meilleurs *riders* ? Alors tu es au bon endroit !

Ces *tricks* sont difficiles et demandent beaucoup de travail, de patience, d'imagination et de courage. Ce sont ces *tricks* qui te porteront au plus haut niveau, celui des plus grands noms de la discipline. Quand tu les maîtriseras, tu pourras te considérer comme un excellent *rider*. Ce sera alors à toi de développer tes propres *tricks*.

Gyrator

Le *gyrator* est un *scuffing trick* utile en *flat*. Il peut être réalisé des deux côtés du vélo, en *switch*, ou servir lors de séquences et combinaisons complexes. Le but est de garder le vélo en mouvement en *scuffant* la roue arrière. Essaie de faire autant de rotations que possible. Tu peux tenir le guidon ou les *pegs* avant.

Avance doucement et fais un *half lash* pour commencer. Tiens-toi debout sur les *pegs* en *switch* (avec le pied intérieur sur le *peg* avant).

Avec un *kick*, fais tourner le cadre. À la moitié de la rotation, tiens ta position. Tu dois tenir le vélo sur le côté, légèrement derrière toi. Tiens la poignée sur le côté et pose le pied intérieur sur la roue.

Scuffe le pneu et équilibre-toi avec le bras gauche. Si tu sens ton poids partir trop loin vers l'avant, accélère le *scuff* sur la roue. Si ton poids part trop vers l'arrière, ralentis ton *scuff* et sers-toi du pied pour freiner.

CONSEIL

Quand tu commenceras à travailler ce *trick*, tu verras qu'instinctivement, tu te penches trop vers l'avant au-dessus du vélo. Essaie de le positionner à différentes distances de ton corps pour voir ce que cela peut changer sur le plan de l'équilibre. Il est aussi conseillé de commencer par apprendre la phase de *scuff* avant de tenter de rentrer ce *trick*.

Fais pivoter le vélo avec ton *scuff*. Il faut beaucoup d'entraînement pour contrôler le sens du vélo car le *trick* forme naturellement un cercle du fait de la position penchée. Le vélo tourne dans le sens des aiguilles d'une montre si tu te trouves sur la gauche du vélo, et dans le sens inverse si tu te tiens sur la droite.

Tu peux toujours orienter le vélo en faisant tourner le pneu dans le sens désiré. Quand tu es prêt à rentrer le *trick*, ramène le pied avec lequel tu *scuffes* sur la pédale. Ramène le vélo vers l'avant.

Reprends le guidon avec la main libre et replace le vélo devant toi pour ramener la roue avant au sol. Replace l'autre main sur la poignée, puis le pied libre sur la pédale et repars.

Spinning lawnmower

C'est l'un des *tricks* circulaires les plus amusants. Ce style de *trick* implique de bien tenir ton corps pour aller plus vite. Étire ton corps pour ralentir. Cette technique, qui consiste à adapter la position du corps, s'appelle la turbine. C'est le même principe que sur le *spinning peg wheelie*, où tu dois te rapprocher du vélo pour tourner plus vite ou t'en écarter pour ralentir.

Démarre en *spinning wheelie* avec les deux mains sur le guidon. Penche-toi vers l'arrière et décolle la roue avant du sol.

Forme un cercle en tournant le guidon à 180 degrés tout en lâchant la poignée extérieure. Sers-toi de ton bras et de ta jambe libres pour t'équilibrer. Si tu te sens partir trop vers l'arrière, ramène la jambe ou le vélo vers l'avant.

Pour que tu puisses avancer, la jambe qui balance doit se trouver entre l'autre jambe et le vélo. Tu peux aussi ramener le vélo vers l'avant en tendant le bras. Si tu te sens partir trop vers l'avant, tends la jambe vers l'arrière ou ramène le vélo vers toi.

CONSEIL

Si tu débutes sur ce *trick*, commence par le décomposer en étapes. Donne une impulsion pour former un cercle avec un pied qui sautille au sol pour mieux appréhender ce *trick* avant de le tenter. En gagnant en confiance, tu pourras augmenter l'ampleur de ta rotation.

Une fois ton équilibre trouvé, tu peux accélérer ta rotation en rapprochant ton bras et ta jambe libres, tout en tirant le guidon pour que le vélo se lève.

Quand tu veux rentrer ce *trick*, penche-toi légèrement vers l'avant tout en redressant le guidon.

Ramène la main sur la poignée et les pieds sur les pédales. Quand les roues sont alignées, repars.

Manual roll

Le *manual roll* est une version avancée du *wheeling*. Le principe est quasiment le même, mais l'équilibre ne se trouve qu'avec le corps et non en pédalant. C'est en cela que ce *trick* est plus compliqué à maîtriser.

Avance à une vitesse confortable. Penche-toi vers l'arrière, tire le guidon et tends les jambes pour décoller la roue avant du sol.

Place les doigts sur le levier de frein arrière pour freiner. Si tu te sens partir trop loin sur la roue arrière au point de perdre l'équilibre, tire le frein arrière pour laisser retomber la roue avant.

N'oublie pas que, pour garder l'équilibre, il faut regarder droit devant et cibler une distance sur laquelle rouler. Penche-toi vers l'arrière pour te placer au-dessus de la roue arrière.

CONSEIL

Quand on débute sur ce *trick*, on a tendance à partir sur le côté. Il faut beaucoup de travail pour apprendre à suivre une ligne droite sur un *manual*. Pour ce faire, joue avec la position des hanches et des genoux.

Tu peux contrôler l'équilibre en pliant les genoux et en faisant de petits ajustements pour te pencher soit vers la gauche, soit vers la droite afin de tenir une ligne droite. Il est important d'avoir les bras tendus et les jambes souples.

Applique une pression équivalente sur chaque pédale. On commet parfois l'erreur de mettre plus de poids sur la pédale arrière, mais la pression posée doit être égale sur les deux pédales.

Quand tu es prêt, replaque la roue avant en te penchant vers l'avant ou en tirant le frein arrière pour reprendre une position normale avant de repartir.

360 bunnyhop

Voici une version avancée du *bunnyhop*. Tu dois pivoter avec le vélo pour faire un 360 degrés. Le principe est le même que pour un *180 bunnyhop* (voir page 64), tu dois juste doubler la rotation. Les 360 degrés sont des *tricks* très populaires et se retrouvent autant en *flat* qu'en *street*, en *dirt* ou en *park*.

Avance à une vitesse régulière, les pieds sur les pédales et les mains sur les poignées. Avant de lancer ton *trick*, visualise-toi en train de faire une rotation complète avec le vélo.

Déporte ton poids vers l'arrière du vélo puis accroupis-toi sur la selle en pliant les bras et les genoux. Prépare-toi à jaillir en tirant le guidon.

Commence à tourner dans le sens de ton choix. Tire le guidon et jaillis en tendant les jambes et les bras. Fais pivoter le corps et porte le regard dans le sens de ta rotation.

CONSEIL
Un *360 bunnyhop* consiste en une rotation complète du vélo dans les airs avant de retomber sur les deux roues en même temps. Il est d'abord plus facile de pivoter à 180 degrés puis de finir la rotation sur la roue arrière.

Tandis que tu pivotes, regarde par-dessus l'épaule dans le sens de ta rotation.

Poursuis ta rotation et sois conscient de la zone où tu veux retomber. Tant que tu ne maîtrises pas parfaitement ce *trick*, il est préférable de retomber sur la roue arrière puis de réaliser la dernière partie de la rotation sur la roue arrière.

Rentre ce *trick* en replaquant les deux roues en même temps. Au début, tu peux retomber sur la roue arrière puis plaquer la roue avant. Veille à bien aligner les roues avant de repartir.

Full cab

Voici une variante du *360 degree bunnyhop* où tu débutes *fakie* (en *rollback*). Ce *trick* ressemble à sa version avant et peut être réalisé sur divers obstacles. Le but est de garder les roues au même niveau durant le saut.

Commence par un *180 endo* ou un *180 bunnyhop* pour rouler vers l'avant à vitesse modérée.

Roule vers l'arrière et accroupis-toi. Attends que les pédales soient parallèles au sol, bloque la rotation de la roue arrière avec le pied sur la pédale. Tandis que tu verrouilles la roue arrière, la roue avant doit commencer à décoller.

Redresse le corps et tourne la tête dans le sens de ta rotation. Tandis que la roue avant décolle, tire le guidon vers le haut et ramène-le vers toi. Ramène les genoux contre le corps et tourne dans le sens dans lequel tu veux pivoter.

CONSEIL
Pour te rendre la tâche un peu plus facile sur ce *trick*, tu peux faire une partie de la rotation au sol. Pour la première phase, pivote sur la roue arrière avant que le vélo ne quitte le sol. Retombe en terminant la rotation en l'air. Le fait de pivoter au sol est pratique quand on apprend, mais pour valider le *trick*, la rotation doit se faire totalement en l'air.

Quand le vélo passe les 180 degrés, fais face au sens de ta rotation et ramène les roues à la même hauteur.

Fais tourner le vélo pour terminer ta rotation. Lève les deux roues pour qu'elles soient parallèles au sol.

Replaque le vélo aussi doucement que possible. Tu dois avoir assez de vitesse pour continuer de rouler à l'envers. Tu peux donc faire un *smoothie* ou un *rockwalk* pour sortir du *trick*.

Bunnyhop barspin

Sur ce *trick*, tu dois faire un *bunnyhop* et faire tourner le guidon à 360 degrés en l'air. Avant de tenter ce *trick*, tu dois être capable de facilement faire tourner le guidon à 360 degrés au sol. Le *bunnyhop barspin* est un *trick* très rapide. Tu dois donc le visualiser au préalable.

Avance assez lentement et accroupis-toi, prêt à jaillir vers le haut. Veille à bien tenir le guidon.

Tire le guidon vers le haut pour faire un *bunnyhop* assez élevé. Ce *trick* étant rapide, tu dois savoir si tu vas faire tourner le guidon avant de quitter le sol. Il faut donc visualiser en amont.

Une fois en l'air, serre la selle avec les genoux pour maintenir la stabilité du vélo. Veille à ce que le vélo soit à l'équilibre et que les deux roues soient décollées du sol. Lève une main.

CONSEIL
Même si les deux mains doivent être sur le vélo au début et à la fin du *trick*, tu dois choisir la main avec laquelle tu vas lancer le guidon et celle avec laquelle tu vas le rattraper.

Fais tourner le guidon dans le sens de ton choix aussi vite que possible. Veille à ce que les genoux ne gênent pas la rotation du guidon en gardant les jambes tendues.

Il est important de tout faire pour garder les jambes aussi tendues et reculées que possible pour que les poignées passent, mais penche légèrement le corps vers l'avant pour éviter de partir en arrière. Prépare-toi à saisir le guidon.

Tandis que le guidon tourne, saisis-le quand il arrive à 270 degrés. Attrape le guidon à deux mains et retombe aussi doucement que possible. Plie légèrement les genoux pour absorber l'impact.

Dumptruck

Il s'agit d'un *scuffing trick* aussi avancé que pratique en *flat*. Le *dumptruck* peut se faire des deux côtés du vélo, en *switch* ou au cœur d'un enchaînement de *tricks*.

Avance doucement avec le pied gauche sur le *peg* gauche. Tire le guidon pour faire un *peg wheelie*. Avec la jambe libre, garde l'équilibre.

Sers-toi de la main gauche pour tirer le guidon vers le haut. Avec la main droite, saisis soit le *peg* avant, soit la fourche.

Place le vélo derrière toi en tenant le *peg* ou la fourche sur le côté, puis pose le pied sur le pneu. Plusieurs étapes se font simultanément, mais elles doivent s'enchaîner en un mouvement fluide.

CONSEIL

Il faut beaucoup d'entraînement pour contrôler le sens du vélo durant ce *trick* car le vélo forme naturellement un cercle à cause de son inclinaison. Il ira dans le sens des aiguilles d'une montre si tu te trouves sur sa gauche, et dans l'autre sens si tu te trouves à droite. Tu peux aussi le faire tourner en orientant le pneu dans la direction voulue.

Scuffe le pneu avant et sers-toi du bras gauche pour t'équilibrer. Si tu sens ton poids partir trop vers l'avant, accélère le *scuff*. Si tu sens ton poids partir trop vers l'arrière, ralentis ton *scuff* et freine avec le pied.

Instinctivement, tu vas te pencher vers l'avant au point de risquer de tomber du vélo. Il est donc intéressant de t'entraîner à te rapprocher du vélo.

Quand tu es prêt à rentrer le *trick*, garde le pied sur le pneu et ramène le vélo vers l'avant. Rattrape le guidon avec la main libre et ramène le vélo devant toi avant de replaquer la roue avant. Ramène l'autre main sur la poignée, puis un pied sur la pédale et repars.

Pinky squeaks

Ces *tailwhips scuffés* et continus, aussi appelés *pinky whips*, suivent une dynamique et une rythmique qui leur sont propres. Quand tu auras appris la technique, tu pourras en réaliser autant que tu le désires et même tenter des variantes.

Commence par un *fire hydrant*, avec le pied gauche sur le *peg* avant et le cadre qui pivote dans le sens inverse des aiguilles d'une montre.

Tandis que le cadre tourne, tire le frein avant et passe par-dessus le cadre. Pour ce faire, tu dois faire un petit saut en lançant le pied guidant le mouvement légèrement avant l'autre pied.

Pose le premier pied sur le pneu une fois le cadre passé, puis pose l'autre pied sur le *peg*.

Scuffe une fois le pneu et fais tourner le guidon dans le sens des aiguilles d'une montre pour maintenir l'élan pris par le cadre. Veille à tenir compte du transfert de poids du vélo.

Alors que le cadre continue de tourner, répète ces mouvements. Beaucoup de choses se font en même temps sur ce *trick*, mais les mouvements doivent être rythmés et répétitifs. Pour garder l'équilibre, il faut adapter la fréquence de ton *scuff* tout en sentant le bon moment pour freiner.

Tu dois aussi alterner la pression appliquée sur les poignées en fonction du poids appliqué sur le *peg*. Quand le pied gauche retombe sur le *peg*, applique davantage de pression sur la poignée droite pour contrebalancer. Saisis le cadre et ramène les pieds sur les pédales quand tu as fini avant de repartir.

Hang five

Voici un classique des *tricks* roulés. Il est beau dans sa simplicité et s'avère assez polyvalent pour être reproduit dans différentes disciplines. De façon globale, le *hang five* consiste en un *manual* réalisé avec la roue avant et debout sur le *peg*. C'est un *trick* dangereux, prépare-toi donc à tomber plus d'une fois durant l'entraînement.

Avance à une vitesse confortable. Pose le pied droit sur le *peg* avant et pousse vers l'avant avec les deux mains.

Ramène le *peg* vers l'arrière avec le pied et lâche la pédale pour déporter tout ton poids sur le *peg* afin de décoller la roue arrière. Porte le regard dans le sens de ton avancée.

Pousse vers l'avant jusqu'à ce que la selle touche ton postérieur. Sers-toi de ta jambe libre pour t'équilibrer en la faisant balancer d'avant en arrière comme une pendule. Continue de regarder dans le sens de ton avancée. Visualise une distance à parcourir et concentre-toi sur le point sur lequel tu veux t'arrêter.

CONSEIL

Tu vas, à coup sûr, passer par-dessus le guidon au fil de ta progression sur ce *trick*. Tu dois donc apprendre à lâcher le vélo. Le meilleur moyen reste de sauter par-dessus le guidon quand tu te sens partir trop vers l'avant.

Pose également l'autre pied sur le *peg*. Quand tu es dans ta position d'avancée, mets un peu plus de poids sur la main opposée au pied sur lequel tu te tiens debout sur le *peg* (si le pied gauche est sur le *peg*, mets plus de poids sur la main droite, et inversement). Tente de suivre une ligne droite sur ce *trick*.

Si tu veux aller à gauche ou à droite, incline le guidon dans le sens de ton choix. Si tu veux aller à gauche, mets plus de poids sur la main gauche et penche-toi vers la gauche. Si besoin, sers-toi de ta jambe pour t'équilibrer.

Pour rentrer ce *trick*, tire le guidon vers l'arrière, replaque la roue arrière et ramène d'abord le pied libre puis l'autre pied sur les pédales.

Elbow glide

Ce *trick* ressemble au *hang five*, à la seule différence que le corps se trouve sur le côté et non en selle. Il peut aussi servir à lancer un *hitchhiker*.
On peut facilement se retrouver bloqué sur un *elbow glide*. Il faut donc atteindre une certaine aisance et un bon niveau en BMX avant de le tenter.

Avance avec les deux mains sur le guidon. Pose le pied extérieur sur le *peg* avant et le pied intérieur sur le *peg* arrière pour te tenir debout sur le côté du vélo.

Penche-toi vers l'avant, ramène le *peg* avant vers l'arrière pour décoller la roue arrière et laisse la partie arrière du vélo se soulever jusqu'à ce que la selle vienne se poser sur l'intérieur de ton bras. Bloque la position du vélo.

Garde la tête droite et porte le regard dans le sens de ton avancée. Balance le pied libre d'avant en arrière pour garder l'équilibre.

Avec la selle calée sous le bras et près du coude, laisse-toi porter par le vélo. Tu peux te servir de ton pied libre et le balancer de haut en bas pour t'équilibrer tandis que tu avances.

Si tu manques de stabilité, penche-toi vers l'avant afin de te rééquilibrer. Sers-toi encore du pied libre pour garder l'équilibre tandis que tu atteins ton point d'arrivée.

Pour rentrer le *trick*, tire vers l'arrière et plaque doucement la roue arrière. Ramène le pied libre sur le *peg* avant de remettre le pied avant puis l'autre pied sur les pédales.

Karl cruiser

Ce *trick* roulé ressemble aussi au *hang five*, mais du fait de sa position asymétrique et de la force requise dans le haut du corps, il ressemble aussi au *side squeaks*. C'est un bon *trick* à utiliser en transition ou pour lancer d'autres *tricks* comme le *hitchhiker*. On peut vite se retrouver coincé sur le *karl cruiser*. Il faut donc être à l'aise et avoir un bon niveau avant de le tenter.

Avance avec les deux mains sur le guidon. Pose le pied extérieur sur le *peg* avant et le pied intérieur sur le *peg* arrière afin d'être debout sur le côté du vélo.

Penche-toi vers l'avant et ramène le *peg* vers l'arrière pour lever la roue arrière. Garde ton équilibre et prépare-toi à lever la main intérieure (la plus proche du vélo).

Tandis que la roue arrière décolle, saisis la selle avec la main intérieure. La partie supérieure du corps doit être verrouillée à l'aide des abdominaux. Il faut un peu de force pour bloquer cette position.

CONSEIL
Il est utile de commencer par travailler la partie roulée du *trick*. Essaie de te pousser en t'aidant du sol pour d'abord ressentir le mouvement.

Garde la tête droite et porte le regard dans le sens de ton avancée. Fais balancer le pied libre d'avant en arrière pour garder l'équilibre. Si ton pied se trouve sur le *peg* gauche, le *trick* doit naturellement aller vers la droite, et inversement.

Ramène la jambe intérieure vers le corps. Cela peut t'aider à garder l'équilibre avant de replaquer le *trick*.

Pour rentrer ce *trick*, relâche la selle, laisse la roue arrière retomber au sol et ramène le pied libre sur le *peg*. Ramène ensuite le pied avant sur la pédale et fais de même avec le pied arrière.

Whiplash

Il s'agit d'un *tailwhip* roulé où tu dois faire tourner l'arrière du vélo. Tu peux te servir des freins pour ajuster l'équilibre. C'est un *trick* assez prisé, surtout quand on commence à enchaîner plusieurs *tricks*. Il compte également de nombreuses variantes plutôt difficiles. Quand tu auras assimilé les différentes étapes et trouvé le bon équilibre, le mouvement te paraîtra plus fluide.

Avance à une vitesse confortable avec les mains sur les poignées, le pied extérieur sur le *peg* avant et l'autre pied sur le *peg* arrière.

Donne un *kick* pour faire pivoter le cadre avec le pied arrière. Dans le même temps, forme des cercles avec le guidon. Cela permettra au cadre de tourner autour du vélo. Avec ta jambe libre, équilibre-toi. Il se peut que tu doives lancer la jambe vers l'arrière afin de ne pas passer par-dessus le guidon.

Quand le vélo atteint les 180 degrés, passe sur l'autre pied pour te tenir debout. Pose le pied désormais libre sur l'autre *peg* et sers-toi du pied sur lequel tu te tenais jusqu'ici pour t'équilibrer.

CONSEIL

Tandis que le vélo poursuit sa rotation, tu peux te servir de ton corps pour garder l'équilibre en te penchant soit vers l'arrière, soit vers l'avant au-dessus du guidon. Veille à ne pas trop te pencher, sans quoi tu pourrais passer par-dessus le guidon.

L'arrière du vélo doit continuer de tourner et arriver vers la fin de sa rotation. Sers-toi encore du corps et de la jambe libre pour t'équilibrer.

Quand le cadre approche les 270 degrés de la rotation, commence à attraper le cadre avec le pied libre.

Ramène ce pied sur le cadre puis fais passer l'autre pied du *peg* à la pédale avant de repartir.

Double-footed steamroller

C'est un bon *trick* à apprendre si tu aimes les *tricks* roulés à deux pieds. Ces *tricks* sont généralement considérés comme plus compliqués que les *tricks* roulés à un pied. Il faut savoir se pencher de façon assez subtile pour contrôler son équilibre plutôt qu'utiliser sa jambe. Tente-le en te tenant debout sur les deux *pegs*.

Débute en position *steamroller* classique. Avance à une vitesse confortable avec les mains sur les poignées, le pied intérieur sur le *peg* arrière et le pied extérieur sur le *peg* avant. Penche-toi vers l'avant pour soulever la roue arrière.

Donne un *kick* et fais tourner le cadre. Fais faire un cercle au guidon pour aider le cadre à faire sa rotation. Quand le cadre atteint les 180 degrés, saisis la selle.

Place l'autre pied sur l'autre *peg*. Les pieds doivent désormais être symétriques sur les *pegs*. Veille à aligner les roues et sers-toi de ton bras libre pour t'équilibrer. Applique une pression équivalente sur chaque *peg*. Tiens la selle devant toi pour la maintenir à une distance confortable.

CONSEIL
La variante *crackpacker* de ce *trick* implique de te positionner devant le guidon et non derrière. Tu dois d'abord maîtriser le *double-footed steamroller* avant de tenter le *crackpacker*.

Tire pour revenir en *steamroller* en décollant un pied des *pegs*. Sers-toi de ta jambe libre pour t'équilibrer. Fais-la balancer d'avant en arrière comme une pendule.

Quand tu veux revenir sur le vélo, sers-toi de la main pour ramener la selle dans un mouvement de rotation. Veille à garder l'équilibre quand tu alignes les roues.

Replaque la roue arrière, lâche la selle et viens poser le pied libre sur le cadre. Remets ensuite les deux pieds sur les pédales et repars.

Hang nothing

Ce *trick* consiste en un *hang five* sans les pieds. Tu dois décoller les deux pieds des *pegs* pour placer tout ton poids sur le guidon et la selle. C'est assez fun, mais tu dois te préparer à lâcher le vélo à tout moment.

Pour attaquer ce *trick*, commence en position *hang five* classique. Avance à une vitesse confortable, pose le pied sur le *peg* avant et pousse pour faire un *hang five*.

Retire d'abord un peu du poids appliqué sur le *peg* pour le déporter sur les bras et la selle. Pour ce faire, tu peux te pencher vers l'avant, mais veille à toujours bien garder l'équilibre.

Quand tu te sens à l'aise, décolle complètement le pied du *peg* et penche-toi encore plus vers l'avant. Verrouille les bras et le dos en te servant de la force des abdominaux. Balance les jambes d'avant en arrière pour garder l'équilibre. Bloque bien le haut du corps tout en relâchant et en libérant la partie inférieure.

Comme sur un *hang five*, garde la tête droite et regarde dans le sens de ton avancée. Essaie de visualiser un point de destination, par exemple cinq mètres plus loin. Au fil de ta progression, essaie d'augmenter la distance. Si besoin, tu peux ramener les pieds sur les *pegs*.

Pour rentrer ce *trick*, ramène les pieds sur les pédales. Penche-toi vers l'arrière pour reprendre ta position classique sur le vélo et aligne les roues.

Laisse la roue arrière retomber doucement et repositionne-toi correctement avant de repartir.

Hang ten

C'est un *hang five* avec les deux pieds. Le *hang ten* tient son nom du *trick* de surf qui consiste à mettre les dix orteils sur l'avant de la planche. Tu dois d'abord maîtriser pleinement le *hang five* avant même de songer à tenter un *hang ten*.

Avance à une vitesse modérée et prépare-toi à placer les deux pieds sur les *pegs* avant, en position *hang*. Tandis que tu te prépares, trouve le bon placement au niveau du pédalier et des pédales afin d'avoir un maximum de place. Mets les pédales à la verticale avec la pédale du bas légèrement vers l'avant.

Propulse-toi vers l'avant pour faire un *hang five*. Pose les deux pieds sur les *pegs* et, avec la main avec laquelle tu es le plus à l'aise, saisis la selle derrière toi.

Ajuste la position de ton corps pour être à l'aise et avoir assez d'espace entre la selle et le guidon. Lâche le guidon. Te voici en position *hang ten*.

CONSEIL

Il s'agit d'un *trick* assez complexe dont on s'échappe difficilement car on est coincé au milieu du vélo. Ne le tente donc que si tu as un bon niveau. Tente différentes postures au niveau des bras pour trouver le bon équilibre. Parfois, il est préférable de tendre les bras vers le haut ou vers l'avant, par exemple.

Balance le bras et plie les genoux d'avant en arrière pour garder l'équilibre. Veille à rester face au sens de ton avancée. Essaie d'avoir les jambes symétriques et de répartir ton poids de façon équivalente sur les deux *pegs*.

Quand tu es prêt à rentrer ce *trick*, ramène ta main libre sur la poignée et ajuste la répartition du poids de ton corps.

Laisse retomber la selle pour que la roue arrière revienne doucement au sol. Reviens sur les pédales.

Half-hiker

Le *half-hiker* est un peu le petit frère du *hitchhiker*, mais, attention, la position sur la phase roulée est très compliquée à trouver pour plusieurs raisons. Elle est asymétrique (le poids est légèrement déporté sur un côté), ce qui complique la recherche du point d'équilibre, et le fait de se trouver si près du vélo demande une réactivité maximale s'il faut le lâcher.

Avance à une vitesse confortable avec les pédales en position sécurisée (voir *trick* précédent). Elles doivent être placées de sorte à être facilement évitées.

Mets-toi en position *karl cruiser* tandis que tu roules, puis place le pied libre sur l'autre *peg*. Lâche le guidon afin de ne rouler qu'avec les deux pieds en t'accrochant à la selle.

Plie les jambes et équilibre-toi avec le bras libre.

CONSEIL

Ce *trick* fait peur car il demande un excellent équilibre. Tu as de grandes chances de tomber vers l'avant au début. Il faut donc une bonne réactivité au niveau des pieds afin de sauter par-dessus le vélo tel un chat si besoin.

Quand tu roules, garde la tête droite et les jambes souples. Comme sur la plupart des *tricks* roulés à deux pieds, applique une pression équivalente sur chaque *peg*.

Entraîne-toi avec la selle plus haute ou plus basse pour voir ce qui te correspond le mieux. En élevant davantage la selle, le vélo te paraîtra plus léger mais il te sera plus difficile de garder l'équilibre.

Pour rentrer ce *trick*, replaque la roue arrière comme sur un *karl cruiser*.

Hitchhiker

Voici certainement le plus dur de tous les *tricks*. Il s'appelle *hitchhiker* (auto-stoppeur en anglais) car il se fait debout avec le vélo à la verticale tandis que le bras libre va d'avant en arrière comme quand on fait du stop. C'est un classique du *flat*. Si tu es capable de rentrer un *hitchhiker*, c'est que tu as atteint un très bon niveau. Prépare-toi à t'entraîner de longues heures avant de le maîtriser. Après tout, les bonnes choses se méritent.

Pour lancer un *hitchhiker*, tu peux soit commencer par un *elbow glide*, soit par un *karl cruiser* (ici, on te montre un départ en *karl cruiser*). Roule à une vitesse confortable. Fais un *half barspin* pour mettre le guidon à l'envers. Tu auras ainsi plus de place quand tu feras le *trick* en mouvement.

Décolle la roue arrière et mets-toi en position *karl cruiser*. Déporte ton poids vers l'avant et conserve un équilibre confortable.

Place le pied libre sur l'autre *peg* et lâche le guidon pour rouler sur les deux pieds en t'accrochant à la selle. Pousse le vélo vers l'avant pour qu'il passe en position verticale. Avec la main qui tenait la selle, viens saisir l'un des pneus tout en avançant.

CONSEIL

Pour travailler ce *trick*, il est préférable de commencer par sentir la partie roulée. Va sur une petite montée et place le vélo en position *hitchhiker* avec le guidon et le pneu en contact avec le sol. Tiens-toi debout sur les deux *pegs* et tire la roue arrière vers toi. Décolle le guidon du sol. Tu devrais ainsi gagner en vitesse. Une fois que tu maîtrises cette partie, tu peux travailler le début et la fin du *trick*.

La main, qui était tournée vers le haut, est désormais tournée vers le bas et tient le pneu arrière. Tandis que tu saisis la roue, pousse le vélo vers l'avant. La roue tourne légèrement et la main termine sur l'arrière du pneu. Le vélo doit être devant toi. Plie les genoux et sers-toi de ta main libre pour t'équilibrer sur ce *trick*.

Quand tu es prêt à rentrer ce *trick*, tu dois faire l'inverse de ce que tu as fait pour le lancer. Tire la roue arrière vers l'arrière et ramène la main sur la selle.

Garde le poids vers l'avant tandis que tu ramènes le vélo vers l'arrière. Quand ta main saisit la selle, décolle le pied du *peg* intérieur et viens le mettre sur le *peg* arrière une fois la roue arrière revenue au sol. Puis remets-toi sur les pédales pour finir.

Glossaire

50 50 – un *grind* ou un *stall* avec les deux *pegs* sur le bord d'un obstacle.

180 – une rotation à 180 degrés généralement faite sur un *bunnyhop* ou un *jump*.

360 – une rotation à 360 degrés généralement faite dans les airs.

Abubaca – un *stall* sur la roue arrière réalisé au bord d'une rampe ou d'un autre obstacle.

Air – rotation à 180 degrés dans les airs en sortie de rampe.

Anodisé – technique de coloration du métal.

Axe – tube sur lequel tourne la roue.

Axe de pédalier – le support qui relie le pédalier au cadre et lui permet de tourner librement.

Backyard – *trick scuffé* (ou *scuffing trick*, voir *scuff*) sur la roue arrière.

Bail – sauter du vélo.

Bar ride – rouler debout sur le guidon sans les mains.

Bases – partie du cadre parallèle à la chaîne. Elles relient l'axe de pédalier aux pattes arrière.

Bead – le bord extérieur du pneu, renforcé par un fil de fer.

Berme – un talus sur une piste construit sur l'extérieur d'un virage pour créer une courbe inclinée.

Blender – *trick* roulé en rotation.

Blunt – un *stall* sur la roue arrière au bord d'une rampe ou d'un autre obstacle.

BMX – abréviation pour le motocross à vélo (*bicycle motocross*).

Bunnyhop – sauter sur le vélo en décollant simultanément la roue avant et la roue arrière.

Bus – abréviation du terme *bus driver* (voir ci-dessous).

Bus driver – un *barspin* où l'on fait pivoter le guidon en le poussant.

Câbles – connectent les leviers de frein aux freins.

Caboose – un *scuffing trick* sur la roue arrière où l'on tient la fourche ou le *peg* (aussi appelé *dump truck*).

Can-can – placer la jambe sur le haut du cadre, généralement sur un saut.

Candybar – placer la jambe par-dessus le guidon, généralement sur un saut.

Cherry picker – *trick* sauté avec le vélo à la verticale.

Circle K – *scuffing trick* sur la roue avant, réalisé debout sur le *peg* avant en saisissant la selle et le guidon.

Cliff hanger – un *front wheel roll* sans les mains réalisé assis entre la selle et la roue arrière.

Coping – tuyau de métal qui vient couvrir le bord d'une rampe.

Crackpacker – un *front wheel roll* réalisé avec les deux pieds tout en tenant la selle.

Crooked – *grind* avec les *pegs* opposés à l'avant et à l'arrière posés sur un obstacle.

Dab – toucher le sol doucement avec le pied en étant sur le vélo.

Death truck – un *trick* de *flat*, évolution du *dump truck*, qui implique d'être assis sur le tube supérieur du cadre tout en roulant sur le *peg* arrière avec le vélo à la verticale.

Deck – la partie plate au sommet d'une rampe (aussi appelée plateforme).

Disaster – sauter et faire un 180 sur un *deck* en retombant avec la moitié arrière du vélo sur le *deck* et la moitié avant sur la transition.

Double – une série de deux sauts.

Downside – position du vélo en *street* ou sur rampe qui forme un angle de 90 degrés au lieu d'être droit.

Drop-in – attaquer une rampe par le haut.

Écrous AD – partie du cadre où sont rattachés les freins AD.

Enchaînement – fait de réaliser deux *tricks* ou plus à la suite.

Fakie – à l'envers.

Fakie rock – un *trick* sur rampe avec la partie supérieure du vélo sur le *deck* et la partie inférieure sur la rampe.

Feeble – un *grind* ou un *stall* avec la roue avant et le *peg* arrière sur un obstacle.

Foot jam – un *stall* sur la roue avant où le pied sert de frein.

Fufanu – un *stall* sur la roue arrière au bord d'un obstacle.

G-turn – un changement de direction réalisé en un virage serré.

Grind – un *trick* où le *peg* ou la pédale viennent grincer le long du bord ou du sommet d'un mur, d'un *ledge*, d'un rail ou d'une rampe.

Gousset – un triangle d'acier qui sert de renfort entre les tubes supérieur et inférieur du vélo.

Gut lever – fait de rouler sur le vélo avec le corps à l'horizontale en ne gardant que les mains sur le vélo.

Gyro – une pièce qui te permet de faire tourner le guidon à 360 degrés sans interférence des câbles.

Half-pipe – une rampe en U.

Haubans – tubes du cadre qui relient la roue arrière et le pédalier.

Hi-ten – acier très malléable utilisé pour fabriquer des cadres moins onéreux.

Hip – deux plans inclinés ou transitions qui se jouxtent pour former un angle.

Holeshot – la sortie de rampe au départ d'une course.

Hucker – quelqu'un qui tente un *trick* sans crainte malgré ses faibles capacités.

Hyperspastique – en cercles rapides.

Icepick – sur un *stall* ou un *grind*, position où seul le *peg* arrière est en contact.

Intérieur – se placer du côté du vélo le plus proche du sol lors d'une rotation en *flat*.

Kick flip – donner un coup de pied au pédalier à mi-hauteur sur un *360 flip*.

Levier de frein – un levier monté sur le guidon qui active le frein par traction du câble.

Lid – casque.

Ligne – la trajectoire suivie quand on *ride* au skatepark ou en *trail*.

Luc – un *grind* ou un *stall* avec le *peg* et la pédale arrière sur un obstacle.

Manual – faire un *wheeling* sans pédaler.

Moleté – technique de texturisation du métal qui crée une surface rugueuse.

Moyeu – cylindre qui tient l'axe de chaque roue.

Nose manual – un *wheeling* sur la roue avant (ou *front wheel wheelie*).

Nosepick – un *front wheel stall* sur un obstacle.

Nothing – une variante de saut où on lève les mains et les pieds une fois en l'air.

Opposite – se dit quand on fait un *trick* à l'envers.

Patin de frein – pièce de gomme qui arrête le vélo par effet de friction en pressant le bord de la roue.

Pattes – parties métalliques plates du cadre et des fourches auxquelles les roues sont attachées.

Pédales à plateforme – les pédales les plus utilisées en *trail*, en *street* ou en rampe. Elles disposent d'une petite plateforme avec de petits *pegs* pour que la chaussure agrippe mieux.

Pente – surface inclinée à moins de 90 degrés.

Pignon – une roue profilée et crantée qui sert d'engrenage à une chaîne, comme sur le plateau ou le dérailleur cassette.

Pivot – le tube au sommet de la fourche qui s'insère dans le cadre.

Plateaux – roue dentée en une pièce qui est attachée à l'axe de pédalier et au pédalier.

Plateforme – la surface plate au sommet d'une rampe.

Poignées – protections en plastique qui couvrent les extrémités du guidon et offrent une meilleure prise.

Potence – élément qui relie la fourche au cadre et lui permet de pivoter.

Quarter – une rampe incurvée, l'un des côtés d'un *half-pipe*.

Rail – une barre sur laquelle on *grinde*.

Regular – la façon la plus courante de faire les choses (s'oppose au *switch* et autres positions à l'envers).

Roue libre – dérailleur arrière constitué d'un élément unique qui permet au *rider* de rétropédaler.

Rubber ride – avancer debout sur les pédales.

Run – une série de *tricks* enchaînés en séquence, généralement lors de *contests*.

Scuff – fait de faire rouler le vélo en donnant de petits coups de pied sur le pneu.

Slam – une chute.

Slammé – une phase tenue au point le plus lointain possible.

Smith – un *grind* ou un *stall* avec le *peg* avant et la roue arrière sur un obstacle.

Spine – une rampe où deux transitions se connectent au milieu.

Stall – fait de se caler, généralement sur une rampe.

Step thru – une variante de saut (ou *jump*) où la jambe est ramenée sur le côté en passant par-dessus le cadre.

Suicide – variante de saut sans les mains où l'on tient la selle avec les genoux.

Superman – variante de saut sans les pieds où l'on se dresse.

Switch – tourné dans l'autre sens, ou avec les pieds à l'envers.

Table – version courte du terme *table top jump*, un saut où l'on s'allonge sur le vélo une fois en l'air.

Thrilled – se dit quand on est enthousiasmé, excité.

Tige de selle – le tube qui tient la selle et s'insère dans le cadre.

Time Machine – *trick* de *flat* avec le vélo à la verticale où l'on fait la toupie sur la roue arrière.

Tire tap – *stall* avec la roue arrière sur un obstacle.

Toboggan – une variante du saut où l'on tient la selle en orientant le guidon à 90 degrés.

Toothpick – un *stall* ou *grind* où seul un *peg* est en contact avec l'obstacle.

Transition – une pente inclinée incurvée (parfois appelée *tranny* en anglais).

Triple – une série de trois sauts consécutifs.

Tube de direction – un petit tube vertical placé tout à l'avant du vélo. La fourche avant se cale dans le tube de direction.

Tube inférieur – partie du cadre du vélo qui va vers le bas et forme un angle. Ce tube va du tube supérieur à l'axe de pédalier.

Tube supérieur – le tube horizontal du cadre qui relie le tube tenant la selle et le tube de direction.

Truckdriver – une rotation à 360 degrés avec un *360 barspin* (parfois appelé *truck*).

Tuck no hander – variante sans les mains d'un saut où l'on tient le guidon avec les cuisses.

Turbine – *trick* roulé (ou *rolling trick*) où l'on fait une rotation.

Turndown – une variante de saut avec le guidon tourné et orienté vers le bas ainsi que les jambes tendues et placées sur un côté du vélo.

Vanderoll – roulade avant au sol avec le vélo. *Trick* inventé par Dave Vanderspek.

Vert – *half-pipe* aux flancs verticaux.

Whip – un *tailwhip*, un *bunnyhop* ou un *jump*.

X-up – tourner le guidon à 180 degrés en tenant avec les bras croisés.

Index

Remerciements

Les éditeurs tiennent à remercier Thomas Göring et Timm Henger de KHE bikes (khebikes.com) pour leur aide en matière de photographie et d'équipement.

Nous remercions tout particulièrement Mario Carelse et Oli Ward pour la réalisation appliquée des figures photographiées et présentées dans l'ouvrage.